Tuinieren voor (wilde) dieren

Maak van je tuin een beestenboel

Barbara Rijpkema

KNNV Uitgeverij

colofon

Tekst Barbara Rijpkema
Foto's en Illustraties zie pagina 128
Bureauredactie Maureen Kemperink – MK teksten, Amersfoort
Vormgeving, opmaak en omslag Elske Verharen – Oxédio
Redactioneel advies Rob Buiter

Uitgave van de KNNV Uitgeverij met medewerking van Vivara

© 2013, KNNV Uitgeverij, Zeist
3e druk, 2014
ISBN 978 90 5011 531 5 (paperback)
ISBN 978 90 5011 532 2 (hardcover)
NUR: 424
www.knnvuitgeverij.nl

Natuur ontdekken en beleven
De KNNV Uitgeverij is gespecialiseerd in unieke publicaties over
natuur en landschap. Daarmee geeft de uitgeverij waardevolle kennis
door van wetenschappers en amateurs aan een breed publiek. Zo
draagt de KNNV Uitgeverij bij aan de bescherming van de Nederlandse natuur en aan het plezier dat mensen eraan beleven.

inhoud

Inleiding 5

Lente 12

Maart 14
Maak je eigen composthoop 16
Hout is goud in de tuin 18

April 20
Rupsen worden vlinders:
zorg voor voldoende
rupsenvoer 22
De vlinderkroeg 24

Mei 26
Stenen: warm en veilig 28
Eekhoorns in je tuin 30

Zomer 32

Juni 34
Laat dieren van je
gazon genieten 36
Geef vleermuizen een
warm onderkomen 38

Juli 40
Een heg vol leven 42
Maak een egelhuis 44

Augustus 46
Maak een minimoeras 48
Maak een minivijver 50

Herfst 52

September 54
Een vijver vol leven 56
Een plek voor padden 58

Oktober 60
Structuur en variatie:
onmisbaar voor natuur 62
Vogels voeren, het hele
jaar door 64

November 66
Bloemen in de border 68
Uilen 70

Winter 72

December 74
Nestgelegenheid 76
Nestkastjes 78

Januari 80
Groendaken 82
Wie komt er wanneer
in de tuin? 84

Februari 86
Kruidenhoek 88
Voor ieder insect een
eigen hotel 90

Dieren in de tuin

Vogels 92
Vlinders & waardplanten 98
Nachtvlinders 102
Libellen 104
Insecten & andere kleine
(bodem-)dieren 106
Bijen & hommels 108
Amfibieën & reptielen 110
Zoogdieren 112

Bomen en planten voor in de tuin

Bomen 114
Hagen 116
Klim- & leiplanten 118
Struiken 120
Vaste planten 122
Vijverplanten 126

Beeldverantwoording 128

inleiding

Bij natuur en wilde dieren denk je al gauw aan de Veluwe, de Wadden of misschien zelfs aan Afrika. Maar ook heel dicht bij huis is natuur te vinden. Een tuin of balkon kan veel wilde dieren een plekje verschaffen. Zelfs als je maar een paar vierkante meters tot je beschikking hebt, zul je versteld staan van de mogelijkheden voor wilde dieren; een klein gaatje in het hek is al voldoende voor een egel om doorheen te kruipen. In een vijver van een paar meter in doorsnede vind je kikkers en libellenlarven. En een kersenboom is ideaal als voedselbron voor vogels. Maar als daar geen ruimte voor is, zijn vetbollen of een netje pinda's ook een goede manier om vogels naar de tuin te lokken. Insecten hebben voldoende aan een gaatje tussen twee voegen, en vleermuizen kruipen graag in de spouwmuren van zowel kleine als grote huizen.

Tuinen zijn belangrijk als rustplaats, als tussenstop om wat te eten, als overwinteringslocatie of om te broeden. Om zich voort te planten, bouwen vogels een nest; maken vleermuizen een kraamkolonie in een holle spouwmuur; leggen solitaire bijen eitjes in kleine ruimtes tussen stenen of in holle rietstengels, en libellen zijn voor hun nageslacht afhankelijk van water. Zo heeft elke diersoort zijn eigen specifieke wensen voor het voorjaar, want in dat seizoen worden de meeste jonge dieren geboren. De zomer en de herfst zijn vooral belangrijk voor de voedselvoorziening. Dieren bouwen een reserve op voor de winter, die ze gebruiken voor de reis naar een overwinteringsgebied of voor de winterslaap. Veel dieren overwinteren in tuinen: citroenvlinders en insecten in de laag afgestorven planten op de bodem, egels in bijvoorbeeld een egelhuisje, vlinders in een vlinderkastje. Het hele jaar door maken dieren gebruik van tuinen en balkons.

Dit boekje neemt je mee door het jaar, waarbij we per maand stilstaan bij de natuurlijke verschijnselen van dat moment en welke dieren er dan actief zijn. Je krijgt praktische tips om dieren in je tuin te helpen, bijvoorbeeld over hoe je zelf een egelhuisje of een insectenhotel kunt maken of een vetklokje voor vogels. Ook als je tuin al helemaal ingericht is, zijn er altijd kleine zaken waarmee je dieren wat extra's kunt bieden. We bespreken de meest voorkomende wilde dieren en planten in de tuin en welke eisen zij stellen aan hun leefomgeving. Elke maand geven we een selectie van wat er te zien is aan dierenleven en bloeiende planten. Deze selectie is zeker niet uitputtend, kijk zelf wat er in jouw tuin nog meer te zien is!

Je tuin delen met wilde dieren en van ze genieten als ze de weg naar het voedertafeltje, het nestkastje of de vijver weten te vinden, is het mooiste wat er is. De natuur begint al op je eigen drempel!

De basis voor een diervriendelijke tuin

Tuinieren voor wilde dieren, dat klinkt alsof je van je tuin een reservaat zou moeten maken waarin alles ten dienste staat van de natuur. Ja, en nee. Heel veel elementen uit een reguliere tuin zijn al aantrekkelijk voor wilde dieren. Het is niet nodig om je tuin te laten verwilderen, ook in een gemaaid gazon vinden vogels wormen en ook onder een gesnoeide haag wil een egel best overwinteren. In elke tuin zijn dieren te vinden, ook als je niet per se moeite voor ze doet, maar je kunt op een eenvoudige manier wat extra's doen om de tuin nog aantrekkelijker voor ze te maken. Met de inrichting van je tuin kun je geen specifieke dieren lokken; je bent afhankelijk van de dieren die in je omgeving voorkomen. Heb je een balkon op driehoog, dan zal er waarschijnlijk geen pad in je teil met water terechtkomen. Die teil vormt echter wel een prachtig vogelbad en vogels die dat ontdekken zullen jouw balkon vaker bezoeken. Wel kun je, als je wat meer weet van de dieren uit jouw omgeving, specifieke dingen doen om je tuin juist voor die dieren aantrekkelijk te maken. De kunst van tuinieren voor wilde dieren is je tuin zo in te richten dat een toevallige passant er wil blijven en er zijn vaste stek van wil maken.

Dieren de ruimte geven

Er zijn een aantal basiselementen die goed zijn voor heel veel wilde dieren in de tuin. Ze bieden voedsel, beschutting of een permanent onderkomen. Voor elke maat tuin zijn een of meer basiselementen te gebruiken. Afhankelijk van je eigen wensen kun je verschillende onderdelen toepassen. Je tuin delen met wilde dieren is ontzettend leuk!

Basiselementen

Natuurlijke vijver

Een vijver biedt ruimte aan amfibieën en aan larven van libellen. Via een geleidelijk aflopende oever kunnen kikkers en salamanders makkelijk het water in en uit. Egels kunnen zo van het water drinken. Bovendien warmt het water bij een ondiep gedeelte sneller op, wat gunstig is voor de larven van o.a. amfibieën. Maak de vijver diep genoeg om bevriezing in de winter te voorkomen.

Struiken en bomen

Struiken en bomen vormen een voedselbron voor veel dieren; insecten halen nectar en stuifmeel uit de bloemen en vogels en knaagdieren eten de vruchten, zoals bessen en noten. Struiken en bomen bieden nestgelegenheid aan onder meer roodborstjes, merels en koolmezen en insecten overwinteren tussen de afgevallen bladeren.

Klimplanten

Klimplanten nemen weinig ruimte in en bieden een goede schuilplaats. Vooral doornige varianten houden bijvoorbeeld huiskatten op afstand en laten de vogels rustig broeden. Klimop bijvoorbeeld wordt gegeten door de rupsen van het boomblauwtje.

Natuurlijke tuinafscheiding

Een haag is naast een natuurlijke grens ook een geschikte broedplek voor vogels. Voor egels is het een veilige schuilplaats en een makkelijke doorgang.

Gevarieerde beplanting

Meer structuur in de beplanting zorgt voor kleine microklimaatjes waar vlinders en andere insecten zich kunnen opwarmen of kunnen rusten in de luwte. Zorg dat er elk seizoen wat bloeit, dan is er altijd voldoende nectar en stuifmeel aanwezig.

Inheemse planten

Dieren uit je omgeving zijn aangepast aan de beplanting die er van nature groeit. Kies daarom zo veel mogelijk voor inheemse plantensoorten.

Composthoop

Creëer je eigen mestvoorziening door afval en gft-afval te composteren.

Rommelhoekjes en takkenhopen

Hoe minder aangeharkt, hoe meer dieren. Rommelhoekjes en takkenhopen zorgen voor schuilplaatsen en broedgelegenheid.

Nestkastjes

Extra nest- en schuilplaatsen zijn altijd welkom. Kies verschillende groottes om verschillende soorten vogels en insecten te bedienen.

Tuinieren voor dieren kan in elke tuin

Een kleine tuin

Niet iedereen is gezegend met een landgoed als tuin. En om van je tuin te kunnen genieten is een gazon of een terras wel zo prettig. Met een beetje creativiteit kun je ook in een kleine tuin toch veel voor verschillende diersoorten doen. **Een paar tips om je tuin tot een waar dierenparadijs om te toveren:**

- Laat waar mogelijk planten groeien. Tegen de gevel, het hek, de bomen, over pergola's en zelfs op het dak. Hang *hanging baskets* op en zet potten neer. Hoe meer planten hoe meer zaden, nectar, broedgelegenheid en overwinteringsplekken.

- Gebruik planten die rijk zijn aan nectar. Een vlinderstruik is als een grote stamkroeg voor een vlinder; hij verzet één poot en kan alweer een teug nectar drinken. Ook sedum en kamperfoelie zijn goede keuzes.

- Kies planten met meerdere functies. Vuurdoorns hebben bloemen die hommels aantrekken en bladeren die door rupsen worden gegeten. De twijgjes zijn goed nestmateriaal en de bessen zijn in het najaar heerlijk vogelvoer. Ook meidoorn en klimop zijn veelzijdige planten.

- Maak je tuin toegankelijk voor wilde dieren. De meeste kleine tuinen zijn door hekken hermetisch afgesloten en daarmee voor dieren onbereikbaar. Maak een gat onder het hek of beter nog: plaats een heg.

- Een vijver doet het altijd goed, zelfs in een kleine tuin. Voor libellen en juffers is een kleine vijver al voldoende om zich voort te planten of voedsel te vinden. Vogels en andere dieren zullen er komen drinken.

- Werk samen met de buren. Plaats dezelfde planten om een grotere habitat te creëren, wissel stekjes uit en deel een heg als tuinafscheiding.

- Denk goed na over licht en schaduw. Zet geen boom neer die al het licht wegvangt, maar zorg wel voor schaduwplekjes.

vuurdoorn

Een grote tuin

Een grote tuin geeft veel mogelijkheden voor wilde dieren. Je kunt er een groot geheel van maken of juist veel verschillende kleine plekjes naast elkaar inrichten. Je hebt de mogelijkheid om een leefgebied te maken waar dieren vrijwel alles kunnen vinden wat ze nodig hebben. Een egel kan schuilen, voedsel verzamelen, jongen krijgen en opvoeden en overwinteren in jouw tuin: wat een heerlijk idee! Vlinders kunnen er in elk stadium hun plekje vinden; als ei, rups, pop en als volwassen vlinder.

Hoe kun je een grote tuin zo inrichten dat veel dieren er een plek vinden? Afhankelijk van de soort(en) die je graag in de tuin wilt hebben, kun je een strategie volgen:

- Creëer zo veel mogelijk habitats. Een kleine vijver, borders met bloeiende planten, struiken met vruchten. De verschillende soorten leefgebieden zullen diverse diersoorten aantrekken.

- Leg één omvangrijke habitat aan. Denk aan een grote vijver met natuurlijke oevers, een flink stuk bloemrijk grasland, een grote boom.
  Een grote border, helemaal vol met klaver en verbena, trekt ontzettend veel insecten.
  Als je een grote vijver aanlegt, zullen er veel libellen op afkomen. In het voorjaar barst je vijver misschien uit zijn voegen van de padden en salamanders die er hun eitjes komen leggen.

- Laat een paar stukken van de tuin ongemoeid. Een hoekje met wat ruigte en dichtgegroeide struiken biedt broedgelegenheid voor vogels als de zwartkop. Een plek waar je brandnetels laat staan als waardplant voor de kleine vos of de dagpauwoog en waar bramen kunnen groeien voor wilde dieren (en om zelf te plukken!).

Op een balkon

Heb je een balkon of patio? Dan heb je een aardige uitdaging om in de behoeften van wilde dieren te voorzien. Maar het kan zeker:

- Maak van je balkon een 'stamkroeg'. Een volledig leefgebied wordt lastig, maar een plekje waar vlinders even kunnen drinken of vogels wat zaad kunnen eten kan altijd. Dieren nemen het bezoek aan jouw balkon dan op in hun dagelijkse routine. In een stenige wijk kun je met wat vogelvoer toch een paartje merels of spreeuwen onderhouden, die bijvoorbeeld in een nestkastje verderop broeden.
- Richt je op de 'gevleugelden' onder de dieren. Koolwitjes, hommels en bijen vliegen veel rond op zoek naar voedsel. Vogels als spreeuwen en mussen zijn zelfs afhankelijk van bijvoeren om een stabiele populatie te houden in het stedelijk gebied. Nectarrijke planten voor de insecten en een zaaddispenser voor de vogels zijn een goed begin.
- Laat de muren of de balkonhekken begroeien met een druivenstruik, kamperfoelie of klimop. Een mooie groene omgeving met een dubbele functie; nectar, bessen en schuilplaatsen.

Op een balkon moet je planten in potten houden en dat vereist extra zorg. Potplanten drogen snel uit, worden warm in de zomer en koud in de winter.

Gouden regels voor tuinieren in potten:
- Gebruik zo groot mogelijke potten waar in ieder geval 30 cm aarde in kan.
- Zorg dat je de potten goed draineert. Leg waterhoudende korrels of omgekeerde plastic bloempotjes op de bodem. Scherven van stukgevallen potten zorgen ook voor voldoende ruimte om water door te laten. Dek de laag met scherven en korrels af met worteldoek om te voorkomen dat de wortels gaan schimmelen.
- Beperk de verdamping door met mulch of houtsnippers de aarde te bedekken.
- Geef voldoende water, in het groeiseizoen dagelijks. Geef wekelijks plantenvoeding.
- Verpot de grotere planten om de paar jaar om de wortels voldoende ruimte te geven.

En ten slotte: wees creatief! Een stukje houtwal, een vijvertje, een border; alles kan in het klein gerealiseerd worden op een balkon.

Liever niet in de tuin

Er zijn dieren en planten die je liever kwijt bent dan rijk. Wat doe je als je zo'n ongenode gast in je tuin aantreft? En hoe erg is het eigenlijk, als een onverwachte soort je tuin gebruikt als leef- of jachtgebied?

Natuurlijke bestrijders zijn het beste

Gebruik geen chemische bestrijdingsmiddelen, de schade die je hiermee aanricht gaat veel verder dan de beoogde ongewenste dieren en/of planten. De beste manier om ongewenste bezoekers op afstand te houden is hun natuurlijke vijanden te stimuleren.

Spinnen, vleermuizen, (larven van) lieveheersbeestjes, duizend- en miljoenpoten, regenwormen, oorwurmen, (jonge!) vogels en egels dragen allemaal hun steentje bij.

Bladluizen

De natuurlijke vijand van de bladluis is het lieveheersbeestje. Om lieveheersbeestjes en andere insecten te trekken moet je veel bloeiende bloemen planten. Ook oorwurmen eten graag luizen.

Mieren daar en tegen beschermen bladluizen tegen larven van lieveheersbeestjes, omdat mieren dol zijn op de zoete honingdauw die de luizen afgeven.

Slakken

Als je de tuin aantrekkelijk maakt voor vogels en egels, dan krijg je nooit te veel slakken.

Je kunt ook een diervriendelijke slakkenval maken. Leg een halve citrusvrucht of meloen in de tuin. De slakken zullen de vrucht uithollen en het als een huisje beschouwen. De volgende dag kun je de slakken 'oogsten'. Een andere optie is in de avonduren met een zaklamp de planten afgaan waar je vaak vraatsporen ziet, en de slakken pakken en elders uitzetten. Het kost even tijd, maar dan heb je ook wat!

Muggen

Muggen worden gegeten door o.a. vogels en vleermuizen. Muggen houden niet van de geur van citrus. Een citronella-kaars op de tuintafel zorgt voor minder jeukende muggen-bulten na een zwoele avond in de tuin.

Katten

Om katten uit je tuin te houden bestaan veel trucjes, bijvoorbeeld koffieprut over de aarde strooien. Ook bodembedekkers laten groeien – zodat er weinig 'graafaarde' meer over is – helpt. Stekelige planten zoals meidoorn worden niet gewaardeerd door katten, evenals de sterk geurende citroenverbena. Peper strooien is ook een goede remedie. En houd als laatste redmiddel een emmer water binnen handbereik. Maar als je dicht op elkaar woont, horen zaken als huilende baby's, blaffende honden, muziek die uit een open raam klinkt of een kat in de tuin, er een beetje bij.

Ongewenste planten

Ongewenste planten tussen de tegels kun je het beste wieden. Ook kun je ze weg krijgen door er wat kookvocht van aardappels over te gieten. Gebruik daarbij geen zout, want te veel zout in de grond komt uiteindelijk ook bij de andere planten terecht.

Lente

**Het voorjaar is een jaargetijde van onvoorspelbaarheid en verande-
ring. De eerste blaadjes ontvouwen zich voorzichtig onder de vroege
voorjaarszon en de volgende dag kan er zomaar weer een laagje
sneeuw overheen liggen. Maar al snel is er geen houden meer aan en
barst de tuin uit zijn voegen van het nieuwe leven.**

Krokussen en sneeuwklokjes zijn de pioniers en het maarts viooltje met
zijn kleurige bloemen volgt al snel. Veel vogels komen terug uit hun
overwinteringsgebieden om hier te broeden en zoeken gretig de voeder-
tafels op. Zelfs nu het warmer wordt, kunnen de vogels nog wel wat
extra voedsel gebruiken. Ze beginnen met de nestbouw en vliegen af en
aan met takjes en plukjes mos. Zorg voor broedplaatsen die onbereikbaar zijn voor katten.

Kikkers en padden ontwaken uit hun winterslaap en nemen al kwakend
hun plaats in aan de rand van de vijver. Wil je een nieuwe vijver laten
koloniseren? Haal dan uit de vijver van de buren wat kikkerdril: de uitgekomen kikkers zullen komend jaar naar jouw vijver terugkeren.

De eerste vlinders laten zich al heel vroeg zien: citroenvlinder, atalanta,
dagpauwoog en kleine vos. Deze soorten, die als vlinder overwinteren,
vliegen zelfs al op een zonnige januaridag. Zodra de eerste bloemen
opengaan is er voldoende nectar om te drinken en zullen vlinders vaker
vliegen.

De lente is het seizoen van voorbereiden. In de lente kun je nog hagen
planten, later in het seizoen slaan die niet meer goed aan. Voordat de
eerste bladeren van onder andere de blauwe regen, de druif en de vlinderstruik ontluiken kan er nog snel gesnoeid worden. Maak de aarde
klaar voor nieuwe eenjarige planten door de grond om te spitten en te
bemesten. .

Voor de dieren in je tuin kun je een eekhoornhuis ophangen of een insectenhotel of een vlindervoederplek maken; daar hebben jij en de dieren
de hele lente én zomer plezier van.

De koningin van de aardhom-
mel ontwaakt in maart uit de
winterslaap en begint een
plekje te zoeken voor haar
nieuwe nest. Hommels bouwen
hun kolonies elk jaar opnieuw
op, anders dan honingbijen.
Zodra ze een nestplaats heeft
gevonden, bijvoorbeeld in de
grond of onder een dakpan,
maakt ze broedcellen van was
waarin ze eitjes legt. De hieruit
gekomen werksters gaan gelijk
op zoek naar voedsel voor de
kolonie, die zo kan uitbreiden
tot wel vijfhonderd individuen.
Hommels leven van nectar en
stuifmeel: ze verzamelen zo
veel in de korfjes aan hun
poten dat het bijna onmogelijk
voor ze lijkt om nog te kunnen
opstijgen. Aan het einde van de
zomer vliegen de nieuwgebo-
ren koninginnen uit, laten zich
bevruchten en gaan in winterslaap. De rest van de kolonie
sterft. Het volgend jaar beginnen de koninginnen een nieuw
nest.

Maart

In maart schudt de natuur de winter definitief van zich af en start het groeiseizoen. Dit is de laatste maand om nog even flink de snoeischaar te hanteren voordat de tuinplanten massaal gaan uitlopen. Groeit er kamperfoelie, klimop of clematis langs je huis en schutting? Haal de oude loten er rigoureus af, zodat de planten de kans krijgen zich te verjongen. Ook het bladafval kun je nu wegharken, de overwinterende insecten zijn inmiddels allemaal wakker geworden en de wortels van de vaste planten hoeven niet meer te worden beschermd tegen vorst nu er geen zware nachtvorst meer is. Vlinders hebben de gave om de planten uit te kiezen waar ze de meeste nectar – en dus het meeste rendement – uit kunnen halen. De eerste broedvogels, waaronder de bonte vliegenvanger, tjiftjaf en tuinfluiter komen terug uit hun overwinteringsgebieden.

Leven in de tuin

- de eerste insecten op vroegbloeiende bomen en struiken
- hommelkoninginnen en bijen forageren op katjes van de wilg
- vlinders drinken van de eerste bloeiende planten zoals klein hoefblad en maarts viooltje
- geluiden van de bonte vliegenvanger, de zwartkop en de tjiftjaf
- de wilde eend maakt haar nest en legt de eerste eieren, bij een heel warm voorjaar kunnen er al pulletjes rondzwemmen
- paaractiviteit van de gewone pad, ze trekken naar water en laten hun lokroep horen: kjuk-kjuk-kjuk
- eiklompjes van de bruine kikker in de vijver, in de avond zingen de mannetjes in koren

gewone pad

Nestbouw vogels

De koolmees, de merel en de mus starten vanaf nu met het bouwen van een nest. Dit is het laatste moment om nog nestkastjes op te hangen. De kastjes worden eerst uitgebreid geïnspecteerd: je ziet de vogels erin en eruit vliegen om te zien of de nestplaats geschikt is.

Daarna worden allerlei materialen aangesleept om het nest te maken. Elke vogel heeft zijn eigen voorkeur: kool- en pimpelmezen bekleden hun nest met groenblijvend mos, boomklevers maken een rommelig nestje van kleine stukjes boomschors. Merels maken een kommetje van gras en mos, bepleisterd met modder en gevoerd met zachte planten. Sommige vogels gebruiken alles wat beschikbaar is. Als er vlak bij je tuin een schaapskudde loopt, zijn de nestjes misschien wel met schapenwol gevoerd zijn. En vogels die in de buurt van een dierentuin broeden, gebruiken waarschijnlijk haren van kamelen en zebra's. Je kunt de vogels een handje helpen door nestmateriaal aan te bieden. Veertjes, wol of plukjes hondenhaar – in een schaaltje op de tuintafel – zullen gretig aftrek vinden.

In bloei

bosanemoon

gele kornoelje

gulden sleutelbloem

groot hoefblad

klein hoefblad

longkruid

maarts viooltje

magnolia

maretak

pinksterbloem

primula

speenkruid

Doen in maart:

- snoeien van kamperfoelie, klimop, clematis, rozen
- harken van bladafval
- start maaien gazon, kale plekken bijzaaien
- vermeerderen vaste planten
- vijverpomp weer aanzetten
- laatste moment voor het snoeien van de heg; daarna niet meer tot na het broedseizoen (september)!

composthoop

compostwormen

Maak je eigen composthoop

Wat is compost?

Compost wordt 'gemaakt' door bacteriën, schimmels en dieren zoals regenwormen. Het is een afbraakproduct van de resten van planten en ander natuurlijk afval. Goede compost heeft een donkerbruine tot zwarte kleur, is licht vochtig en heeft een korrelige structuur. Het ruikt een beetje naar bosgrond. Het geeft voeding aan de planten, verbetert de bodem, beschermt hem tegen uitdroging en stimuleert het bodemleven. Je kunt kant-en-klare compost kopen, maar het ook in je eigen tuin laten ontstaan in een composthoop. Zo creëer je een kringloop in je tuin.

Hoe werkt de composthoop?

Compost ontstaat in 2 fasen. Eerst ontstaat er broei en warmte (tot wel 70°C) door het harde werk van de bacteriën. De warmte zorgt voor de afbraak van organisch materiaal. Door omwoelen kun je dit proces versnellen. Als de afbraak vergevorderd is, daalt de temperatuur en zakt de hoop in elkaar. Hierna moet je de compost helemaal door elkaar scheppen (omzetten), waarna je het laat rijpen. Na een half jaar tot een jaar kun je de rijpe compost in je tuin gebruiken. Strooi in de lente, na het poten van nieuwe planten, een laag van 1-2 cm over de bodem. Vanaf een temperatuur van 5°C gaan de bacteriën aan het werk en hoe warmer, hoe harder ze werken. Voorjaar en zomer zijn dus de beste maanden.

Welke dieren leven er van de composthoop?

Bacteriën, schimmels, bodemdiertjes, wormen, insecten, vogels, egels. Bij landelijk gelegen tuinen zelfs de hazelworm of de ringslang. Egels slapen en overwinteren erin, net als padden. Grote composthopen bij volkstuinen worden soms door ringslangen gebruikt om hun eieren in af te zetten, die door de warmte worden uitgebroed.

Waar in de tuin?

Een composthoop moet vochtig zijn maar niet te nat. Zet hem daarom niet onder een afdak maar ook niet midden in een open veld in de volle zon. Onder een boom of vlak bij een schutting is ideaal.

- Koop een kant-en-klaar compostvat of maak er zelf een. Vorm een vierkant van houten panelen, kippengaas of gevlochten takken, en laat maximaal één zijkant open. Zorg dat je de voorkant kunt verwijderen om de compost te kunnen keren.
- Steek regelmatig voorzichtig een stok in de composthoop op verschillende plaatsen en trek deze er weer uit. Niet roeren! De ontstane opening fungeert als een ventilatiegat. Ook van onderen kun je beluchten door de hoop op wat gestapelde takken te bouwen.
- Dek de composthoop af met plastic om uitdroging tegen te gaan. Als het te droog wordt, kun je er een emmer water over gieten.
- Zet de hoop op de aarde en haal bij een vat de bodemplaat weg zodat bodemdieren erin kunnen kruipen.
- Maak verschillende lagen van groen, vers (vochtig) materiaal en bruin, dood of houtig (droger) materiaal. Voeg er eventueel kalk aan toe. Maak de lagen niet te groot om schimmelvorming te voorkomen.
- Door vertering ontstaan langzaam drie lagen in de composthoop: vers materiaal, deels afgebroken materiaal en volledig verteerd (gecomposteerd) materiaal. Meng het verse afval regelmatig met het deels afgebroken materiaal, om zo de afbraak te bespoedigen. In een grote tuin kun je met twee composthopen werken: één om vers afval te verzamelen en één om te rijpen.
- Gebruik geen onrijpe compost, dat heeft een averechts effect.

Wat mag er op een composthoop?

gemaaid gras   bladeren en takken, klein gemaakt of versnipperd (eiken- en kastanjeblad bevatten veel looizuur, gebruik die dus met mate)   eierschalen   groente- en fruitafval   theezakjes en koffiefilters   mest, stro en zaagsel van plantenetende (huis)dieren (paarden, konijnen)   as uit de open haard of vuurkorf   noten en de schillen daarvan (bijvoorbeeld pinda's), pitten; harde notenschillen (wal- en hazelnoten) moet je eerst verbranden   verlepte en dode planten (ook kamerplanten)

Wat mag er niet op een composthoop?

gekookt eten en brood (dit trekt te veel ongewenste dieren aan en gaat snel schimmelen)   schillen van citrusvruchten en niet-biologische aardappelen (bestrijdingsmiddelen)   botjes en visgraten   as uit de asbak   kattenbakkorrels   papier   zieke planten, bloeiende planten en ongewenste planten

17

Hout is goud in de tuin

Hout, dood of levend, is onmisbaar voor de natuur in je tuin. Paddenstoelen, vogels, insecten, egels en andere zoogdieren en natuurlijk verschillende planten leven graag op of tussen (gestapeld) hout. Afhankelijk van de grootte van het oppervlak, kun je een takkenril, een houtwal of rommelhoekjes met hout maken waar je ook nog eens je snoeiafval in kwijt kunt. Zo creëer je een perfecte kringloop in je eigen tuin.

Houtwal of takkenril?

Een houtwal is oorspronkelijk een aanplant van bomen en struiken op een langgerekt zandlichaam, een aarden wal. Als je een grote tuin hebt, kun je die omzomen met een houtwal. Ook grote vijvers kunnen een stukje worden begrensd door een houtwal; je gebruikt dan de grond die vrijkomt bij het uitgraven van de vijver en beplant die met kreupelhout. De naam houtwal wordt ook wel gebruikt voor een opstapeling van dood hout en gevlochten takken tussen verticale paaltjes. Een andere naam voor deze constructie is een takkenril. Een takkenril is makkelijker te realiseren in een tuin dan een originele houtwal, want voor die laatste is behoorlijk wat ruimte nodig.

houtstapel

bosmuis

Houten rommelhoekje

Kleine stammetjes van verschillende dikte en hoogte, liefst van verschillende bomen, zorgen voor een geweldige habitat voor paddenstoelen en kleine beestjes. In een donker en vochtig hoekje van de tuin, bijvoorbeeld langs de schutting, onder een boom of klimop, ondergaan de stammetjes langzaam een transformatie.
Ze raken begroeid met (korst)mossen en paddenstoelen en ze trekken dieren als pissebedden en oorwurmen aan. Een smakelijk buffet voor tuinvogels.

Een levende hut

Aan het begin van de lente worden de wilgenbomen gesnoeid. Als je zelf geen wilgen hebt, kun je om takken vragen bij de gemeentelijke groenvoorziening. Zet grote takken met de afgezaagde kant in een cirkel in de grond. Laat een opening vrij. Maak de takken van boven aan elkaar vast, zodat ze een wigwam vormen. Om deze hut te vervolmaken kun je dunnere takken tussen de staande takken doorvlechten, zo maak je de muren. Laat een plekje open als raam. Doordat de takken in de grond staan blijven ze leven en zal de hut in het voorjaar blaadjes krijgen. Misschien moet je hem zelfs snoeien!

Gebruik (droog) hout dat je over hebt na het bijvullen van de takkenril, in een buitenhaard of vuurkorf en rooster broodjes en spekjes aan een stok boven de vlammen. Van brede stammen kun je krukjes maken om op te zitten, of een bijzettafeltje. Of je kunt ze, zoals hierboven beschreven, laten begroeien met korstmossen en paddenstoelen.

Hoe maak je een takkenril?

- Bepaal de lengte en de breedte van de takkenril en zet op regelmatige afstand van elkaar steeds twee paaltjes, stevige takken of stammen in de grond.
- Leg je snoeiafval tussen de paaltjes. Vlecht grote takken tussen de paaltjes door om de takkenril meer stevigheid te geven.
- Doordat de onderste laag langzaam verteert, kun je elk jaar opnieuw de takkenril 'bijvullen'.
- Laat een paar plekken wat open, zodat vogels daar makkelijk kunnen broeden.

Tussen de dichtgevlochten stukken kunnen varens groeien en insecten overwinteren; padden kruipen graag tussen het vochtige hout en mossen groeien op de buitenkant van grote stammen.

April

oranjetipje

pinksterbloem

De maand april is de topvliegtijd van het oranjetipje, met Koninginnedag als hoogtepunt. Oranjetipjes leggen hun eitjes op pinksterbloemen en look-zonder-look. Als je deze in je tuin plant, bestaat de kans dat ze ook bij jou op bezoek komen. De tuinhommelkoningin bouwt haar nest in een oud vogel- of muizennest of in een schuurtje. De steenhommel zoekt een spleet in een (oude) muur.

Leven in de tuin

- de staartmees start met broeden
- de gierzwaluw komt terug uit Afrika
- eiersnoeren van de gewone pad zijn te vinden in de vijver
- de larven van de bruine kikker zwemmen rond
- de vuurjuffer vliegt
- het lieveheersbeestje legt eitjes
- piek van de paartijd van de kleine watersalamander

kleine watersalamander, mannetje in prachtkleed

Van ei naar vlinder

Vlinders ondergaan in hun leven een volledige metamorfose. Ze beginnen als ei, dat door hun moeder, een vlindervrouwtje, wordt afgezet op de waardplant. Uit het eitje komt een rups. Rupsen zijn kieskeurig en elke soort heeft zijn eigen favoriete groep planten – of zelfs maar één plant – waarvan hij eet. De rupsen van het koolwitjes eten bijvoorbeeld koolgewassen, terwijl die van de dagpauwoog alleen brandnetels lusten.

De rups maakt tijdens zijn leven een aantal vervellingen door, waarbij zijn te klein geworden huid openbarst en de grotere rups eruit kruipt. Bij de laatste vervelling komt de pop tevoorschijn: een immobiel stadium waarin de rups verandert in een vlinder. Sommige rupsen spinnen voordat ze verpoppen nog een beschermende laag om zich heen: een cocon. Hoe het precies gebeurd in een pop is nog steeds een raadsel, maar de rups wordt van binnen helemaal opnieuw afgebroken en de vlinder wordt opgebouwd.

Na een aantal dagen of weken komt de vlinder uit de pop tevoorschijn. Eerst zijn de vleugels nog nat en opgevouwen. Al snel pompt de vlinder er lichaamsvloeistof in en laat ze drogen. Daarna vliegt hij weg, op zoek naar nectar en naar een partner. Als de paring heeft plaatsgevonden, begint de cyclus opnieuw.

Elke vlindersoort heeft zijn eigen cyclus. Sommige overwinteren als ei (bijvoorbeeld de sleedoornpage) en andere als vlinder (de citroenvlinder). Er zijn ook poppen die overwinteren in de grond (bijvoorbeeld groot avondrood). Van sommige soorten leven er twee generaties per jaar (het landkaartje) en van andere maar één (de atalanta).

dagpauwoog

In bloei

appelboom

blauwe regen

daslook

dotterbloem

krentenboom

look-zonder-look

maagdenpalm

ranonkelstruik

skimmia

smeerwortel

tulp

wilg

Doen in april:

- groenblijvende bomen en heesters planten
- bemesten van de borders
- introduceren van nieuwe waterplanten in de vijver
- klimplanten leiden en aanbinden
- eenjarige planten zaaien
- vlinderstruik snoeien

Rupsen worden vlinders: zorg voor voldoende rupsenvoer

Wil je van je tuin een vlinderparadijs maken, dan is het belangrijk om meer aan te bieden dan nectar. Kunnen de vlinders vooral drinken in de tuin, dan noemen we dat ook wel een 'vlinderkroeg'. Maar als je daarnaast zaken aanbiedt die de vlinder in andere levensfasen nodig heeft, dan wordt je tuin ineens een vlinderhotel. Dan kunnen ze er leven als ei, rups, pop en vlinder, en heb je het hele jaar vlinders in de tuin. Voedsel voor de rupsen is heel belangrijk om dit te bewerkstelligen. Rupsen zijn kieskeurig en eten vaak maar van één soort plant, de waardplant.

- Brandnetels zijn niet de eerste planten waar je aan denkt als je een tuin inricht. Toch zijn er veel vlinders waarvan de rupsen alleen maar op brandnetels leven: kleine vos, dagpauwoog, atalanta en landkaartje. Heb je een hoekje achter de schuur of achter in de tuin: laat daar de brandnetels staan en creëer voor deze vlinders een voortplantingsplek.
- De vuilboom (ook bekend als sporke-hout) is de waardplant van de citroen-vlinder en zijn bloesem levert nectar.
- Klimop is de waardplant van het boom-blauwtje. De eitjes worden afgezet bij de basis van de bloemknoppen. In de zomer zijn de rupsen te zien rondom de knop van een bloem of jong blad, waar ze een gaatje in bijten en van het binnenste eten. Laat klimop een schutting of een schuurtje begroeien.

rups koninginnenpage

ei koninginnenpage

- Laat gras groeien. Veel rupsen van nachtvlinders eten van verschillende soorten gras. Pinksterbloemen groeien in vochtige (moerassige) grond en graslanden. Ze bieden voedsel aan de rupsen van het oranjetipje. Als het gras niet te vaak gemaaid wordt, kleuren de pinksterbloemen het grasland prachtig lichtpaars.
- Maak een groentehoekje. Koolwitjes leggen hun gele eitjes op een plant uit de koolfamilie (witte kool, boerenkool, spruitjes). Als je groente kweekt in je tuin, dan kun je een exemplaar 'opofferen' aan de rupsen zodat ook zij een voedselbron hebben.
- De koninginnenpage legt haar eitjes op de wilde peen.

Wel doen

- Richt je ook op de nachtvlinders. Deze zetten hun eitjes af op bomen als wilg, populier en berk en op bepaalde grassen.
- Laat in een paar hoekjes van het gazon het gras groeien en maai het pas in het najaar.

Niet doen

- Snoei de struiken en planten niet in de zomer: de kans bestaat dat je eitjes of poppen verwijdert.
- Laat dode plantenstengels in de winter liggen: veel rupsen en poppen overwinteren erin.
- Spit de grond niet in de winter als het niet hoeft: sommige poppen overwinteren in de grond.

atalanta

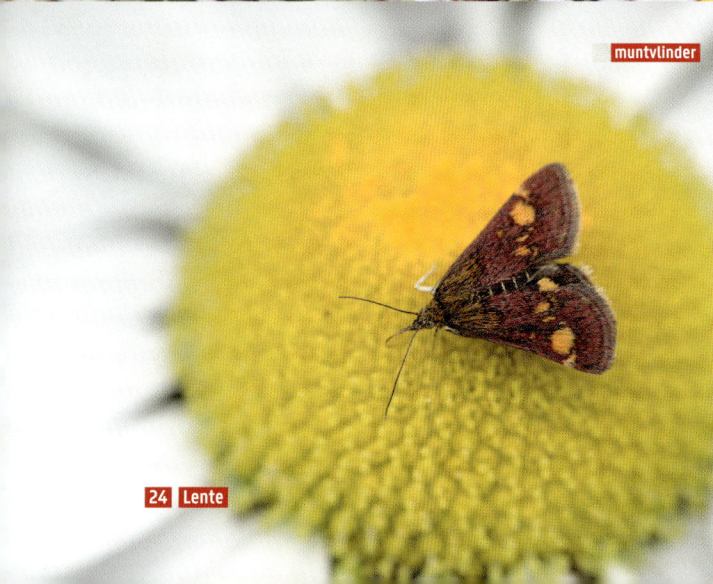
muntvlinder

De vlinderkroeg

Je kunt van je tuin een ware vlinderkroeg maken, waar elke vlinder wel een eindje voor om wil vliegen. Dit doe je door nectarplanten in je tuin te zetten en te zorgen voor zo veel mogelijk variatie in bloeitijden, zodat er elk seizoen iets te halen valt. Je kunt ook een vlindervoederplek maken waar je fruit of suikerwater aanbiedt. Vlinders maken hier graag gebruik van.

Je maakt een vlindervoederplek als volgt:
- Maak een bloem van hout of stevig karton.
- Zorg voor een gaatje waar je een dopje van een frisdrankfles in vast kunt maken.
- Zet de bloem vast op een stokje.
- Vul het dopje met suikerwater, of plaats er een plukje wol of spons in en doordrenk dat met suikerwater.
- Steek het stokje in de aarde of in een bloempot en wacht op de dorstige vlinders.
- Zet de voederplek in de zon. De vlinders vinden het vanzelf. Als je hem waterafstotend maakt, kun je hem buiten laten staan.
- Snij (over)rijp fruit in stukken en leg dit op een bord op de tuintafel. Vooral de gehakkelde aurelia en de atalanta drinken graag van dit zoete fruit.
- Maak het bakje om uit te drinken niet te groot, anders plakken de vlinders eraan vast. Heb je een breed dopje, gebruik dan altijd een sponsje of watje zodat de vlinders droge voeten houden als ze van het suikerwater drinken.
- Recept voor suikerwater: meng 1 eetlepel suiker met 9 eetlepels water. Om honingwater te maken, meng je 1 eetlepel honing met 3 eetlepels water.

Nachtvlinders houden van stroop

Om nachtvlinders te lokken kun je een speciale stroop op een boomstam smeren. Meng de inhoud van 1 pot suiker-stroop met 2 scheppen suiker en een flinke scheut alcohol (likeur, bier of wijn) tot een plakkerig mengsel. Je kunt er ook overrijp fruit door mengen. Smeer dit aan het einde van de dag op ooghoogte op een boom en zet de zaklamp klaar. Schijn als het donker is voorzichtig op de boom en wie weet zitten daar nachtvlinders te drinken! Door de alcohol ruiken de vlinders de stroop goed en vliegen ze niet zo snel weg. Zo kun je ze goed bekijken.

Zorg voor een goed microklimaat

Naast voedsel is het voor vlinders belangrijk om voldoende beschutte plekjes te hebben om in de zon te kunnen opwarmen tussen het drinken door. We noemen dat een goed microklimaat voor vlinders. Door te zorgen voor voldoende variatie in begroeiing (hoog-laag, dicht-open) ontstaan deze plekjes.

dagpauwoog

25

Mei

kikkerdril

larve van een lieveheersbeest

'In mei leggen alle vogels een ei' is een ouderwetse uitspraak die het toppunt van de bloei in de lente weerspiegelt. Er zijn al veel eieren uitgekomen en de oudervogels slepen af en aan met rupsen, spinnen en insecten voor hun jongen. De tuin bloeit overvloedig en er is veel werk om al deze uitbundigheid te begeleiden. Geef de planten voldoende water en denk ook aan het badje van de vogels.

Leven in de tuin

- de start van de paringstijd van de egel; die kan tot juli duren
- de eerste grote libellen vliegen, zoals de platbuik en de viervlek
- eiklompen van de groene kikker zijn te zien in de vijver
- het lantaarntje en de azuurwaterjuffer zijn actief
- de eitjes van het lieveheersbeestje komen uit en de larven gaan op luizenjacht

pimpelmees

Eekhoorns

De eekhoorn is een knaagdier dat in Nederland vooral in het oosten en midden van Nederland voorkomt. Zijn vacht is roodoranje tot kastanje- of donkerbruin, en hij heeft opvallende oorpluimpjes en een lange staart. Eekhoorns zijn bosbewoners en springen moeiteloos van tak naar tak. De eekhoorn zit van nature met zijn staart over zijn lichaam gekruld. Zijn wetenschappelijke naam betekent dan ook 'schaduwstaart' (*Sciurus vulgaris*).

Wil je eekhoorns zien, dan kun je het beste vroeg opstaan. Vooral 's ochtends vroeg maar ook in de namiddag, zijn de dieren actief met het zoeken naar voedsel. Dit doen ze zowel in de bomen alsook op de grond. Ze eten vooral noten en zaden zoals eikels en dennenappels. Daarnaast lusten ze bessen, paddenstoelen, boomschors, eieren, jonge vogels en rupsen.

Eekhoorns maken in de winter een nest, vlak voordat de eerste paarperiode van het jaar begint (december-februari). Ze gebruiken ook wel oude eksternesten of grote nestkasten. Er worden na 5 weken draagtijd 2 tot 5 jongen geboren, kaal en blind. Na een maand of 3 zijn de jongen zelfstandig.

In bloei

akelei

brem

Clematis

damastbloem

gelderse roos

gele lis

jasmijn

paardenkastanje

moerasvergeet-mij-niet

rododendron

vergeet-mij-niet

vuurdoorn

Doen in mei:

- slakkenvallen maken
- uitgebloeide heesters snoeien
- vaste planten stekken
- regelmatig water geven aan de nieuwe planten en zaailingen

bruine kikker

argusvlinder

Stenen: warm en veilig

Bij natuur denk je vrijwel altijd eerst aan groen: planten, bomen en struiken. Maar ook steen heeft een belangrijke functie voor sommige wilde dieren: het warmt snel op en biedt veel veiligheid. Dieren beschouwen (stenen) huizen als rotsen.

Muren

Muren zijn heel geschikt om klimplanten tegenaan te laten groeien. Soorten als klimop beschadigen je metselwerk niet; wel gebruiken ze al bestaande onregelmatigheden om hun wortels te hechten. Goede klimmers zijn clematis, rozen, klimop en jasmijn. Sommige hebben een klimrek nodig om zich aan te hechten. Je kunt ook nestkastjes aan de muur hangen, op een veilige hoogte zodat katten er niet bij kunnen. Als je de kastjes naast klimplanten hangt, hebben de vogels meteen een veilige plek om naartoe te vluchten als ze hun huisje uitkomen.

- Muren die in de zon liggen worden door insecten gebruikt om op te warmen, bijvoorbeeld dagpauwogen en verschillende libellensoorten.
- Solitaire metselbijen leggen eitjes in kleine gaatjes tussen de stenen.
- Spouwmuren worden vaak gebruikt door vleermuizen; aan een open stootvoeg als ingang hebben ze voldoende. Vleermuizen kunnen hier overwinteren, paren en hun kraamkolonie stichten.
- De kolibrievlinder komt in de namiddag, als de kamperfoelie opengaat, drinken van de geurige bloemen.
- Gierzwaluwen broeden graag onder oude pannendaken.

Stenen

Gebruik stenen in de tuin om hoekjes te creëren waar dieren zich kunnen terugtrekken of kunnen schuilen. Vooral de ruimtes tussen de stenen zijn belangrijk. Gebruik daarom niet al te grote stenen en kies verschillende vormen zodat er meer ruimte ontstaat. Leg de stenen op allerlei plekken: in de zon, of juist in de schaduw op een vochtige plek. Als je een grotere muur bouwt, kun je die een zon- en schaduwzijde geven met elk hun eigen plantengroei.

De oever van de vijver leent zich perfect voor een omzoming met stenen. Leg ze ook vlak onder het wateroppervlak; daar kunnen amfibieën op rusten en onder schuilen. Stenen vlak boven het wateroppervlak worden door kikkers en libellen gebruikt om op te zonnen.

Laat stenen begroeien met varens, vetplanten en wilde kruiden. Tijm houdt bijvoorbeeld van zonnige, rotsachtige stukken, terwijl varens juist op vochtige stenen groeien.

Een stenen muurtje of wal wordt door kleine dieren gebruikt om te nestelen. Hommels maken een nest tussen de stenen en ook pimpelmezen vinden er een veilige broedplek.

Gebruik inheemse stenen

Gebruik geen exotische stenen uit het tuincentrum, maar verzamel stenen uit je eigen omgeving. Vraag boeren en andere grondeigenaren of je stenen van hun terrein mag meenemen. Je kunt ze ook bij recyclingpunten vinden of via de reguliere tweedehandsmarkten op internet.

clematis

oeverlibel

kolibrievlinder

rode eekhoorn

eekhoornnest

Eekhoorns in je tuin

Eekhoorns in je tuin. Dat kan gebeuren als je in Drenthe, Gelderland, Overijssel, Noord-Brabant, Limburg of Utrecht woont. Een eekhoorn gebruikt je tuin misschien in eerste instantie voor het (vogel)voedsel. Je ziet hem dan een bezoek brengen aan de vogelvoedertafel of hangend als een acrobaat aan de netjes met pinda's. Je kunt speciaal voor de eekhoorn extra ruimte in je tuin creëren zodat hij er kan eten, slapen en een nest jongen grootbrengen.

Voederhuisje

- Eekhoorns slopen vaak voedersilo's van vogels, omdat ze niet makkelijk bij de zaden kunnen. Het eekhoorn-voederhuisje heeft een deksel die de eekhoorn zelf kan openmaken, waardoor hij de silo's met rust laat.
- Timmer een doosje van hout waarvan de bodem een stukje uitsteekt, zodat de eekhoorn hierop kan zitten. In de 2 zijwanden frees je 2 sleuven, waar je een stukje plexiglas inschuift dat als raampje dient. Maak aan de bovenkant van dit glas 2 houten latjes vast, zodat er geen scherp randje meer is waar de eekhoorn zich aan kan snijden. Plaats een deksel met scharniertjes zodat je het makkelijk kunt bijvullen en het huisje is klaar!
- Hang het huisje op ongeveer 2 m hoogte in de boom. Vul het met pinda's in de dop, zonnebloempitten, kastanjes, hazelnoten of beukennoten. Vergeet niet het voederhuisje regelmatig schoon te maken, zodat de nootjes en zaden niet gaan schimmelen.

Nestkast

Een nestkast voor een eekhoorn is vergelijkbaar met die voor een vogel, maar er zitten meerdere openingen in. In ieder geval één aan de achterkant, zodat de eekhoorn vanaf de stam van de boom in het kastje kan. Aan de voorkant is het gat wat groter en breder dan bij een vogelhuisje, zodat de eekhoorn met een jong in de bek naar buiten kan vluchten als dat nodig is. Een rand onder het gat zorgt voor extra steun bij het naar binnen gaan. Een nestkast van 20-20-20 cm is voldoende – de eekhoorn rolt zich helemaal op in het kastje.

- Maak de deksel vast met scharnieren, zodat het kastje open kan en je het kunt schoonmaken.
- Bevestig aan de achterkant 1 of 2 horizontale latjes, zodat het kastje niet helemaal tegen de boomstam hangt. De eekhoorn kan er dan makkelijker in en uit.
- Maak het gat in de achterwand niet in het midden maar meer aan de zijkant en hang de kast zodanig tegen de boom dat het gat niet tegen de stam komt.
- Zorg dat de eekhoorn makkelijk vanuit het kastje op een tak kan klimmen. Hang het daarom bijvoorbeeld in de hoek tussen de stam en een dikke tak.
- Hang het kastje zo hoog mogelijk, 3 tot 4 m boven de grond en zorg dat de opening naar het noordwesten is gericht in verband met wind en regeninslag.
- Vul het nestje met wat stro, dorre bladeren of gras om het extra aantrekkelijk te maken.

Sporen

Soms sta je ineens oog in oog met deze rode knager. Maar ook zonder de eekhoorn zelf te zien kun je erachter komen of hij in je tuin is geweest. Herkenbare modderpootjes op de tuintafel (of in de winter mooie prenten in de sneeuw) en vraatsporen aan neergelegd voer verraden zijn aanwezigheid. Hij is bijvoorbeeld alleen geïnteresseerd in de zaden van de dennenappel. Hij bijt de schubben eraf en laat een kegel met rafelige kern liggen. Op harde noten zie je soms tandensporen. Een eekhoorn heeft een vaste eetplek op de grond of in een boom, die je kunt herkennen aan de voedselresten.

pootafdruk eekhoorn

knaagsporen

Zomer

In de zomer maak je het meeste gebruik van de tuin: buiten eten, lang natafelen tijdens zwoele zomeravonden – misschien zelfs een keer met de vuurkorf aan – spekjes smelten boven de smeulende kolen van de barbecue. En wij zijn niet de enige die 's zomers graag in de tuin eten!

- In de zomer is het aantal vliegende insecten die zich tegoed doen aan de nectar en het stuifmeel van de vele bloeiende planten, het grootst. De vele insecten trekken vleermuizen aan, die in de schemering komen jagen boven de vijver of langs de bomen.
- Merels hebben misschien al een tweede of derde broedsel in de klimop. De jonge merels passen vlak voor het uitvliegen bijna niet meer in het nest; soms belandt er dan zo'n jonge, nog niet vliegvlugge merel op de grond. Als je geen kat hebt, is er geen reden tot paniek: de ouders zullen het jong op de grond verder voeren. Zo min mogelijk bemoeienis is het beste.
- De vlinderstruik bloeit met grote paarse of witte pluimen; een feestmaal voor vlinders.
- De libellenlarven die in het voorjaar de laatste fase van hun ontwikkeling doormaakten sluipen uit in de zomer. Hun huidjes zie je hangen aan stengels rondom de vijver. De volwassen mannetjes patrouilleren kleine rondjes door de tuin – steeds stoppend bij dezelfde plant – om langskomende vrouwtjes en andere mannetjes scherp in de gaten te houden.
- De zomer is vooral een seizoen van genieten. Er is minder werk in de tuin, behalve het vele water geven en het wegplukken van uitgebloeide bloemen of wat wieden. Even lekker genieten van de rust voordat het voorbereiden op de winter weer begint.

Vleermuizen

Veel vleermuizen leven in de buurt van mensen. Steden en dorpen zijn warmer dan het omringende buitengebied en daarom zijn er eerder in het jaar al meer insecten te vinden. De bebouwde omgeving wordt daarom steeds belangrijker voor vleermuizen. Ze kunnen op verschillende manieren van je huis en tuin gebruikmaken: om te forageren, te paren, jongen te krijgen en om te overwinteren.

Vleermuizen verhuizen met het wisselen van de seizoenen. Voor elke activiteit (paring, geboorte, overwintering) zoeken ze een ander onderkomen. In het voorjaar worden de jonge vleermuizen geboren in de kraamkolonie. Vleermuizen zijn zoogdieren. Na een periode van zo'n vier weken moedermelk leren de jonge dieren jagen op insecten. Ze gebruiken hierbij echolocatie: ze stoten schrille, voor ons onhoorbare geluidjes uit die terugkaatsen van hun prooi. Zo kunnen ze in het donker jagen.

Van oktober tot maart zijn de vleermuizen in winterslaap. Ze leven in kolonies van enkele tot soms wel honderden dieren. Ze overwinteren vaak in spouwmuren van gebouwen en woningen.

Juni

Op 21 juni is de officiële start van de zomer. Er komen steeds meer warme dagen en er zijn steeds meer insecten te zien. Bijen en hommels verzamelen grote bollen geel en oranje stuifmeel in de korfjes aan hun poten. Zweefvliegen die zich als wesp voordoen, zetten je op het verkeerde been. Bij staartmezen en sommige andere soorten helpen de jongen uit het eerste broedsel mee om het tweede groot te brengen. Veel (volwassen) vlinders zijn er niet te zien: ze verkeren deze maand in een van de andere stadia: rups, pop of ei. Bij vlinderkenners wordt dit de 'junidip' genoemd.

bruinrode heidelibel

Leven in de tuin

- vogels als merel, koolmees en pimpelmees starten hun tweede broedsel of hebben zelfs al voor een tweede keer jongen
- het gentiaanblauwtje vliegt
- de bruinrode heidelibel vliegt
- de larven van de padden en kikkers hebben al pootjes

honingbij

Padden en kikkers

Padden en kikkers zijn amfibieën: koudbloedige dieren die de warmte van de zon en de omgeving nodig hebben om zich op te warmen. Amfibieën leven de meeste tijd van het jaar op het land, maar in het voortplantingsseizoen komen ze naar het water.

De eitjes zijn kleine, geleiachtige bolletjes, die op het land zouden uitdrogen. De meeste amfibieën hebben een uitwendige bevruchting, wat betekent dat het vrouwtje eerst de eieren legt, waarna het mannetje ze bevrucht. Om de kans op nageslacht niet mis te lopen, klampt het mannetje zich vast aan het vrouwtje door haar onder haar oksels vast te grijpen; hij laat pas los als ze de eitjes gelegd heeft. Mannetjes zijn hier zó op gebrand, dat ze allerlei andere kikkers en padden – ook mannetjes – beetpakken en soms zelfs voorwerpen. Vrouwtjeskikkers en -padden leggen klompjes eieren in het water, alleen het vrouwtje van de gewone pad maakt lange snoeren van de eitjes.

Uit de eitjes komen kleine kikkervisjes met kieuwen. Zij wisselen langzaam van gedaante. Eerst krijgen ze pootjes, dan verdwijnt geleidelijk de staart en verandert hun kop van vorm. Als laatste maken de kieuwen plaats voor de longen. De kleine kikkers en padden verruilen tussen juni en augustus het water voor het land.

In het voorjaar, tijdens de paddentrek, zoeken de dieren hun geboortewater weer op. Veel vrijwilligers helpen tijdens deze trek om de dieren ongeschonden over drukke fiets- en autowegen te leiden. Dat doen ze door emmers in de berm in te graven en de padden daarin op te vangen, waarna ze worden overgezet.

In bloei

bijenkorfje

ereprijs

fuchsia

kamille

kamperfoelie

korenbloem

lavendel

lupine

ooievaarsbek

vrouwenmantel

Zeeuws knoopje

zonneroosje

Doen in juni:

- klimplanten leiden en vastbinden
- dode bloemen verwijderen – de plant heeft zo meer mogelijkheden om nieuwe bloemen te maken
- overvloedige vijverplanten weghalen; laat de natte planten een dag naast de vijver liggen, zodat dieren nog terug naar het water kunnen
- nieuwe vaste planten zaaien
- winter- en zomerbloeiers planten zoals winterhard viooltje en primula

Laat dieren van je gazon genieten

Het gazon is een heel waardevol onderdeel van de tuin, ook al lijkt dat niet direct het geval. Onder de strakke groene zoden barst het van het leven. Regenwormen houden de bodem luchtig door er gangen doorheen te eten. Ze voeden zich met plantenresten en poepen die als zwarte aarde weer uit. Slakken trekken zich tijdens droge periodes diep terug in de grond.

Duizendpoten, kevers, oorwurmen en pissebedden zijn in groten getale aanwezig in de eerste paar centimeter onder het gazonoppervlak. Deze insecten worden gegeten door spreeuwen, merels, egels, vossen, dassen, lijsters en kauwen.

Een gazonbezoeker die niet iedereen kan waarderen is de mol. De molshopen die hij maakt zijn uitgangen van zijn uitgebreide gangenstelsel onder de grond. Hoewel een molshoop niet zo fraai staat in een gemaaid gazon, maken ze de aarde wel geschikt voor solitaire bijen om er een eitje in te leggen. Mollen komen af op veel bodemdiertjes, een teken van een gezonde en luchtige grond.

Variatie is belangrijk

Een stuk strak gazon kan veel waarde krijgen als de randen wat rommelig mogen zijn en als er plekken zijn waar het gras wat hoger mag groeien.

- Zaai kleine bloemen zoals klaver in het gras. Deze zorgen voor extra nectar.
- Laat het gras aan de randen van het gazon langer groeien of laat het gras overgaan in struikgewas. Hiermee creëer je hoogteverschillen, die voor variaties in temperatuur, licht en luchtcirculatie zorgen. Ook groeien er andere bloemen in langer gras dan in kort gras. Variatie is belangrijk om veel leven naar je gazon te trekken.

merel

- Sproei het gazon bij droog weer, ook in de herfst. Gebruik hiervoor regenwater dat je opvangt in een regenton. Geef water aan het einde van de dag of in de avond, zodat het niet direct verdampt. Door het water komen de regenwormen naar boven en die trekken weer vogels en egels aan.
- Gebruik niet te veel (kunst)mest, dit spoelt uit naar het grondwater of de vijver. In plaats daarvan kun je gemaaid gras laten liggen om te verteren. Ook gevallen bladeren kun je, na het versnipperen met de grasmaaier, laten liggen.

Het wonder van gras

Gras is het meest succesvolle gewas op aarde. Dit komt door zijn unieke bouwplan: de concentratie voedingsstoffen zit onder de grond, in de wortels. Vanuit een kleine verdikking vlak boven de grond groeit de nieuwe plant uit. Kort afmaaien of bijvoorbeeld het vlak bij de grond afbijten van de stengels door een grazer, deert gras niet. Het vormt snel nieuwe bladeren vanuit zijn voedselreserve.

- Pas op met zaad van voederplaatsen dat op het gras terechtkomt. De oliën en vetten uit die zaden zorgen voor dode plekken in het gras. Verplaats zo nu en dan je voederplaats of vang het zaad op met een schaal.
- De zomer is een goede tijd om wilde peen en ratelaar te zaaien. Doe dit op plekken waar het gras langer mag groeien.
- Laat het gras in de zomer wat langer groeien (zo'n 5-9 cm). Het gras heeft dan langere wortels, en is beter bestand tegen de droogte. En het loopt ook zo heerlijk op blote voeten!

groene stinkwants

konijn

Geef vleermuizen een warm onderkomen

Vleermuizen maken gebruik van holle spouwmuren en boomholtes. Een vleermuiskast kan deze ruimtes niet geheel vervangen (een nestkast biedt bijvoorbeeld niet voldoende warmte om heel strenge winters in door te komen), maar voor het overgrote deel voldoet het prima. Naast een nestkast kun je ook een aantal andere voorzieningen aan je huis en in je tuin aanbrengen zodat vleermuizen er graag komen.

Vleermuizen achter de luiken

Sommige huizen hebben nog originele luiken voor de ramen, met houten lamellen. Als je deze luiken niet gebruikt, kun je hier een perfect vleermuisonderkomen van maken. Maak de luiken vast met zo'n 1,5 tot 2,5 cm tussen luik en muur, met de lamellen dicht. Plaats eventueel een latje aan de zijkant (tegen tocht) en de onderkant om de vliegopening smal te maken (max. 1,7 cm). Voilà, een vleermuisverblijf!

Wil je voedsel bieden aan vleermuizen? Zorg dan dat je voldoende insecten in je tuin aantrekt. Plant, als dat kan, een paar (hoge) bomen waar ze in de kruinen kunnen jagen. Laat de bomen aansluiten op de bomen die je tuin omringen: vleermuizen gebruiken bomenrijen als oriëntatie en als veilige vliegroute. In de open lucht zijn ze kwetsbaar voor roofvogels. Kies bloemen die vooral 's avonds opengaan en flink geuren, bijvoorbeeld kamperfoelie en teunisbloem; die trekken insecten aan.

franjestaart

kamperfoelie

teunisbloem

Nestkast:

Een nestkast is bedoeld voor boombewonende vleermuizen, zoals de ruige dwergvleermuis of de watervleermuis.

- Timmer een simpele kast van ruwe planken van ongelijke lengte (de achterwand ongeveer 60 cm, de voorzijde 40 cm). Vooral de binnenkant moet ruw zijn, zodat vleermuizen zich kunnen vastgrijpen. De breedte komt niet zo nauw, ongeveer 20 cm.
- Verbind de beide wanden met panlatten van 2,5 tot 3,5 cm dik.
- Vul de vliegopening onderaan tot maximaal 1,7 cm breed, zodat er geen kleine vogels in komen.
- Bedek de bovenkant met kunststoffolie of rubber.
- Schilder of beits de kast in een donkere kleur: dan neemt hij meer warmte op.
- Bevestig de kast met stevige schroeven op minimaal 3 m hoogte.

- Laat de vliegopening vrij; zorg dat er geen takken voor hangen.
- Hang de kast zo veel mogelijk in de luwte en met de voorzijde richting de zon. Vleermuizen zijn warmteminnende dieren, en zo warmt de kast overdag goed op.
- Hang vleermuisnestkasten in een met bomen begroeide omgeving.

Gebouwbewonende vleermuizen zoals de meervleermuis, de laatvlieger en de gewone dwergvleermuis, geven de voorkeur aan holtes tussen spouwmuren of achter daklijsten of dakpannen.

- Bevestig voor deze soorten een plank net onder de dakrand, met maximaal 2 cm tussenruimte tussen de plank en de muur. Vleermuizen kruipen graag weg achter de plank.

Als je het dak opnieuw gaat bedekken denk dan eens aan het installeren van een speciale vleermuisdakpan, vergelijkbaar met een gierzwaluwdakpan.
Een open stootvoeg is voldoende voor vleermuizen om de spouw in te komen en in de spouw hebben ze ruimte om jongen te krijgen of te overwinteren. Onderzoek voordat je de spouwmuren gaat isoleren of er geen vleermuizen in de muren zitten en waarvoor ze de muur gebruiken (overwinteren, kraamkolonie). Isoleer in de periode dat ze er niet zijn en zorg meteen voor een alternatieve verblijfplaats. Specialisten kunnen hierover adviseren.

Zijn ze er al?

Het kan even duren voordat je vleermuiskast of -verblijfplaats ontdekt is. Maar als er eenmaal vleermuizen inzitten, dan kun je ze elk jaar verwachten. Vleermuizen zijn erg trouw aan hun verblijfplaatsen.

Juli

De meeste vogeljongen zijn uitgevlogen en de nesten zijn leeg. De eerste gierzwaluwen vertrekken alweer naar hun overwinteringsgebieden. Staartmezen blijven de hele winter hier en leven dan in groepjes. Hoewel de nestkastjes niet meer in gebruik zijn als broedplaats, slapen jonge kool- en pimpelmezen er soms nog wel in.

De warme dagen vragen veel van de veerkracht van de tuin. Sproeien is noodzakelijk op warme en droge dagen. Doe dit niet overdag, want dan verdampt het water meteen. De avond en de vroege ochtend zijn de beste momenten.

Leven in de tuin

- jonge bruine kikkers verlaten de vijver
- van de gewone pad zijn de jonge dieren te vinden; nog in het water of al op het land
- de blauwe glazenmaker vliegt
- lieveheersbeestjes komen tevoorschijn uit hun pop, ze zijn lichter en bleker dan hun ouders, en zo te herkennen als de nieuwe generatie
- bijen en hommels verzamelen stuifmeel en nectar
- egels paren met veel herrie

paringswiel

Het leven van de egel

Egels komen in heel Nederland voor, dus de kans dat je ze in je tuin treft is groot, ook in het stedelijk gebied. Egels kunnen zich oprollen als er gevaar dreigt, en zijn daarmee uniek onder de zoogdieren. Deze houding kunnen ze wel een paar uur volhouden!

Het zijn welkome slakkenverdelgers, ze kunnen er wel 40 per nacht eten. Egels in de tuin zijn vaak niet te missen omdat ze zo luidruchtig zijn. Ze snuffen, brommen en knorren wat af. De paartijd duurt van mei tot augustus, en na een draagtijd van ongeveer 34 dagen worden er gemiddeld 5 jonge egeltjes geboren. Het vrouwtje maakt een nest van bladeren, of trekt zich terug in een egelhuisje of composthoop.

De jongen zijn blind en kaal bij de geboorte. De stekeltjes liggen verborgen in de huid en na een paar uur komen de eerste tevoorschijn. Een volwassen egel heeft wel 6000 stekels die 2 tot 3 cm lang zijn. Na 6 weken zijn de jongen al zelfstandig en kunnen ze zelf voedsel zoeken. De moeder gaat een eigen plek zoeken voor de winter terwijl de jongen bij elkaar overwinteren in het nest waar ze geboren zijn. De winterslaap duurt van oktober tot april/mei.

In bloei

boerenwormkruid

gentiaan

kaasjeskruid

kattenstaart

lisdodde

moerashyacint

pijlkruid

ridderspoor

spirea

teunisbloem

tijm

vingerhoedskruid

Doen in juli:

- voldoende water geven aan nieuwe planten en het gazon; vergeet de potplanten niet – deze drogen sneller uit dan planten in de volle grond en hebben dus nog vaker water nodig
- een waterbakje vullen voor de vogels waaruit ze kunnen drinken en zichzelf in kunnen wassen
- de blauwe regen voor de eerste maal snoeien
- het gras maaien, voor het eerst weer sinds de lente

41

Een heg vol leven

De laatste vijftig jaar zijn veel heggen in het buitenge-bied verdwenen door schaalvergroting en ruilverkaveling in de landbouw. Hoewel we dit verlies niet helemaal kun-nen goedmaken, kan het plaatsen van heggen rondom tuinen een grote rol vervullen voor de biodiversiteit. In de winter eten merels en spreeuwen van de bessen die aan de liguster groeien. In de zomer bieden de stekelige takken van de sleedoorn, meidoorn en braam bescher-ming en veiligheid voor broedende merels en winterko-ninkjes. De egel maakt een nest van afgevallen bladeren en droog gras, waar hij 's zomers overdag in slaapt. Hij kan er zelfs overwinteren. En heggen vormen een groene overgang van privétuinen naar de openbare ruimte en daarmee verbind je de leefgebieden van de dieren.

Hoe maak je een hemelse heg?

- Plant de heg in een diepe sleuf in de grond en gebruik veel compost.
- Plant twee rijen op zo'n 30 cm van elkaar. Dit zorgt voor een goede dichte haag.
- Gebruik 4 of 5 verschillende soorten bomen en struiken voor de heg. Kies voor inheemse soorten, omdat dieren hier sneller op afkomen dan op uitheemse soorten. Bedenk welke eigenschap je belangrijk vindt (bloemen, bessen, stekels) en pas daar je keuze op aan.
- Plant de heg tussen oktober en maart.
- Wacht met het planten van onderbegroeiing zoals kruiden tot de heg flink gegroeid is en duidelijk wordt waar en hoe de schaduw valt.
- Leg snoei- en bladafval onder de heg als bodembemesting.
- Snoei besdragende heggen niet elk jaar. Te vaak snoeien zorgt ervoor dat de bessen zich niet optimaal ontwikkelen.

landkaartje op sleedoorn

gele kornoelje

Veelgebruikte soorten en hun functie voor wilde dieren:

berberis (zuurbes) trossen gele bloemen vol stuifmeel in het voorjaar, bessen in de herfst

braam stekels voor bescherming en vruchten in het najaar

conifeer wintergroen, levert broedplekken en bescherming

Gelderse roos nectar in de bloemen voor bijen, de hele winter rode bessen voor vogels

gele kornoelje vruchten die vogels graag eten

hazelaar leverancier van hazelnoten. gaaien en muizen eten deze graag

kardinaalsmuts levert zaden die vogels graag eten

laurierkers bessen die graag door vogels worden gegeten

liguster witte, sterk geurende bloemen in het voorjaar, zwarte bessen in het najaar

meidoorn witte bloemen in het voorjaar en doornen voor bescherming

sleedoorn witte bloemen in het voorjaar, vruchten in augustus. waardplant van de sleedoornpage

Tip:

Heb je een kleine tuin of weinig plek voor een heg? Laat dan de kale schutting beklimmen door klimop, clematis, kamperfoelie of rozen. Een heg delen met de buren als gezamenlijke erfafscheiding is ook een goede optie. Merels bouwen hun nest op ongeveer 1,5 m hoogte tussen de groene bladeren, het boomblauwtje legt haar eitjes op klimop, en de kolibrievlinder drinkt aan het einde van de middag nectar uit de geurende bloemen van de kamperfoelie.

Om de heg nog dichter te maken, kun je hem ook vlechten. Dat is een speciale techniek waarbij geprobeerd wordt zo veel mogelijk horizontale takken in de heg te krijgen door takken en stammen te buigen en soms in te kappen. Meer informatie en plaatjes van deze werkwijze zijn te vinden op verschillende internetsites.

egel

Maak een egelhuis

Egels komen voor in heel Nederland en ze maken graag gebruik van tuinen om te forageren en te slapen. In een egelhuis kan een egel zelfs overwinteren of jongen krijgen. Zo'n huis is eenvoudig te maken:

- Neem of maak een houten krat ter grootte van een wijnkrat, ongeveer 30 bij 30 cm. Zoek daarbij een plank die geschikt is als deksel.
- Schroef of lijm 2 latten op de plank die precies in de krat vallen; zo blijft de deksel op zijn plaats maar kun je hem er makkelijk afhalen om het huis schoon te maken.
- Zaag een opening aan de korte kant van de krat van ongeveer 12 bij 12 cm, dit wordt de ingang.
- In de achterwand boor je een gat dat breed genoeg is voor een stukje tuinslang (voor ventilatie).
- Vul het egelhuis met nestmateriaal zoals gesnipperd papier, zaagsel of aarde.
- Plaats het huisje in een rommelige en rustige hoek van de tuin, bijvoorbeeld langs een heg. Zorg dat de opening niet naar het noorden gericht is, zodat er geen koude wind in kan waaien.
- Bedek het huisje met bladeren of aarde, steek een stukje tuinslang in het gat aan de achterkant en zorg dat de andere opening vrij is. Hiermee is er voldoende zuurstof in het egelhuis.
- Aan de voorkant maak je een tunneltje richting de ingang. Leg bijvoorbeeld een paar bakstenen naast elkaar met een oude dakpan als dakje.

Egels zijn van oktober tot maart in winterslaap. Tijdens deze winterslaap worden ze af en toe wakker, en verlaten ze soms het nest. Je kunt dus ook in de winter een egel in je tuin zien scharrelen!

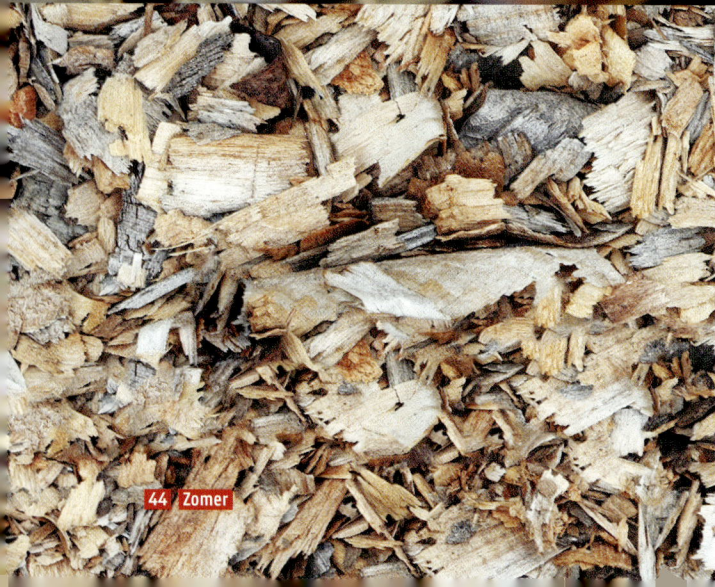

Wel doen

🌿 Maak de tuin toegankelijk voor egels door een heg te gebruiken als erfafscheiding. Heb je een hek? Maak daar dan onderaan een opening in van 15 bij 15 cm.

🌿 Laat bladeren liggen in de tuin zodat egels hiervan een nest kunnen maken. Ook een composthoop doet vaak dienst als slaapplaats.

🌿 Egels drinken graag uit een vijver of drinkschaal. Zorg in de vijver voor een mogelijkheid om er weer uit te komen, zoals een kikkertrap.

🌿 Zorg dat er in de tuin voldoende bloemen en planten groeien die de bodem bedekken en zelfs hoger groeien. Egels lopen graag beschut.

🌿 Controleer voor het schoonmaken van het huisje of er misschien nog een nest in zit.

Niet doen

🌿 Gebruik geen stro of hooi als nestmateriaal, want dit gaat tussen de stekels zitten.

🌿 Het is heel verleidelijk om te kijken of het huisje in gebruik is. Stoor egels niet tijdens de winterslaap of het voortplantingsseizoen.

🌿 Strooi nooit slakkenkorrels: egels krijgen hiervan grote hoeveelheden binnen, worden ziek en sterven uiteindelijk.

🌿 Pas op met netten over bessenstruiken en dergelijke. Egels raken hier makkelijk in verstrikt. Hang het net hoger dan 30 cm boven de grond.

🌿 Laat geen lege (jam)potten en ander afval in de tuin liggen waar egels hun snuit in kunnen steken. Ze zijn erg nieuwsgierig, raken makkelijk met hun kopje bekneld en kunnen stikken.

Egels voeren

Egels zijn welkome gasten in de tuin omdat ze de slakken in toom houden. Bijvoeren kan met kattenvoer of speciaal egelvoer. Ook rauw gehakt vinden ze erg lekker. Geef egels geen melk! Daar worden ze ziek van. Een schoteltje water is prima.

Sporen

Aanwezigheid van egels kun je aflezen aan voetsporen in de aarde (5 tenen aan ronde voorvoeten en langwerpige achtervoeten). Ook de uitwerpselen zijn te vinden: zwarte, bobbelige keutels van ongeveer 3 cm, met onverteerde voedseldeeltjes zoals schildjes van insecten.

Augustus

De zomer is in volle gang, maar de dagen worden alweer korter. Er vliegen veel libellen in de tuin. Soms zie je ze doodstil zitten met gespreide vleugels om zich op te warmen. Ze zitten dan op stenen en tuintafels of tegen de muur en de klimop. Tegen de schemering vliegen vleermuizen over, op zoek naar insecten, en cirkelen een extra rondje om de vijver. Heel soms hoor je een hoog, schril piepje. De meeste vleermuisgeluiden zijn echter alleen op te vangen met een speciale *batdetector*. Je kunt in deze tijd van het jaar met verschillende natuurorganisaties mee op vleermuisexcursie: met behulp van een batdetector ga je naar ze op zoek.

Leven in de tuin

- de groene kikkers verlaten de vijver
- jonge egeltjes scharrelen door de tuinen en bereiden zich voor op de winterslaap door veel te eten
- de gierzwaluw vertrekt naar Afrika
- andere trekvogels maken zich op voor de reis en verzamelen zich in groepen
- mieren vliegen uit om nieuwe kolonies te stichten

gierzwaluw

vliegende mieren

mier

De wesp

De hele zomer blijven de wespen een beetje op afstand, maar als de warmste dagen voorbij zijn komen ze steeds meer en dichter bij ons in de buurt. Wespen leven in een kolonie die een jaar stand houdt; de koningin start in het voorjaar met het bouwen van een nest van houtpulp in een oud muizennest, een spleet in de muur of onder dakpannen. In de gevormde raten legt ze eitjes, en de uitgekomen jonge wespen halen voedsel voor de volgende groep larven. Wespenlarven zijn vleeseters en hun zusters vliegen daarom af en aan met rupsen, vliegen en soms een stukje vlees van je boterham. In ruil voor dat lekkers 'poepen' de larven een beetje zoetigheid uit voor de werksters. Volwassen wespen leven van stuifmeel en honingdauw. Aan het einde van de zomer worden de nieuwe koninginnen geboren. Als deze uitvliegen, paren en in winterslaap gaan, takelt het oude nest langzaam af. Er zijn geen larven meer om voor te zorgen, de oude koningin sterft en de andere wespen hoeven alleen nog zichzelf te voeden. Ze hebben nog steeds behoefte aan zoetigheid en bij gebrek aan zoete beloningen van de larven, halen ze die nu op terrasjes en in prullenbakken. Daarom is dat glas limonade in augustus ineens zo ontzettend aantrekkelijk. Alle wespen sterven in de winter, behalve de wespen die je in het vroege voorjaar ziet: dat zijn de nieuwe koninginnen die hun nest gaan bouwen.

wespennest

In bloei | vruchten rijp

beemdkroon

bergamot

bernagie

blauwe distel

braam

framboos

hemelsleutel

ijzerhard

koninginnenkruid

passiebloem

phlox

vlinderstruik

Doen in augustus:

- regelmatig het vogelbadje verversen
- de vijver bijvullen
- zaad verzamelen van uitgebloeide planten om volgend jaar opnieuw te zaaien
- een deel van de appels en peren oogsten
- lavendelplanten snoeien
- het wordt vochtiger: op schimmels letten in de planten (dauwvorming)

Maak een minimoeras

gele lis

Een moeras is anders dan een vijver. Bij een vijver bestaat het grootste gedeelte uit water en is de afstand van de bodem tot het wateroppervlak groot. Een moeras is vooral een drassige, natte bodem met een klein laagje water erboven.

Een moeras creëer je door een aantal (kleine) vijvers met elkaar te verbinden via overloopconstructies. Je kunt zelf verbindingen graven en die bedekken met vijverfolie, of voorgevormde verbindingsstukken en buizen gebruiken. Zodra het waterpeil van een van de vijvers hoger wordt, stroomt het teveel aan water automatisch naar de andere vijver. De bodem tussen de vijvers blijft drassig en vormt zo een moeraszone.

Bloeiende moerasplanten leveren nectar en stuifmeel voor insecten en vormen rust- en uitkijkpunten voor libellen en juffers. Ook amfibieën voelen zich thuis in de moeraszone. Insecten en andere kleine dieren overwinteren tussen de stengels en de wortels in de drassige grond.

vuurjuffer

48 Zomer

gerande oeverspin

lisdodde

- Het moeras moet ongeveer 25 cm diep zijn om niet te snel uit te drogen.
- Veel moerasplanten houden van licht, leg het moeras daarom in de zon of halfschaduw.
- Bedek de bodem van het moeras met voedselarme vijvergrond.

Veilig genieten

Een terras bij een drassige zone heeft versteviging nodig om niet weg te zakken. Tijdens het graven van het moeras kun je de vrijgekomen grond gebruiken om een wandelpad of een stukje terras aan te leggen. Afhankelijk van de zachtheid van de bodem zijn een kleine fundering of wat steunpalen nodig. Houten vlonders kunnen als een hoogliggend pad door de moeraszone worden gelegd. Denk aan de veiligheid van jonge kinderen. Zelfs een klein laagje water kan gevaarlijk zijn. Laat kinderen nooit alleen bij een moeras of vijver spelen.

Afhankelijk van de grootte van je tuin kies je grote of laagblijvende planten en struiken.

Heb je veel ruimte?
- omzoom de oevers met zegge en riet, houd ze een beetje in toom, anders gaan ze woekeren
- gele lis heeft lijnvormige bladeren, gele bloemen en wordt iets meer dan een meter hoog
- gewone kattenstaart bloeit weelderig met paarse bloemen
- lisdodden vormen de bekende 'sigaren' boven aan de lange stengel. spinnen overwinteren in de holle stengels

Heb je een kleiner moerasgebiedje?
- geelbloeiende dotterbloemen verdragen zowel zon als schaduw en worden zo'n 50 cm hoog
- penningkruid wordt zo'n 10 cm hoog en bloeit met gele bloemetjes. groeit zowel in de schaduw als de zon
- het oranjetipje legt eitjes op de pinksterbloemen die in de drassige zone groeien

penningkruid

49

vijverton

kikkerbeet

Maak een minivijver

schaatsenrijder

Als je geen plaats hebt voor een grote vijver dan kun je – zelfs op een balkon – toch een waterhabitat creëren. In een schaal, bloempot of kleine bak maak je een minivijvertje, waar vogels uit kunnen drinken, libellen zich kunnen warmen op een drijvende waterplant of waar egels een slok uit komen nemen. Het voordeel van een kleine vijver is ook dat ze veiliger zijn voor kleine kinderen.

Welke planten in de minivijver?

Er zijn verschillende soorten kleinere waterplanten die je heel goed kunt gebruiken in kleine vijvers:

Zuurstofplanten
aarvederkruid
waterranonkel

Moerasplanten
kalmoes
dotterbloem
moerasvergeet-mij-niet

Drijfplanten
waterhyacint
kikkerbeet
dwergwaterlelie

ruggezwemmer

Wel doen

- Verplaats bakken van glas, hout en keramiek in de winter naar een vorstvrije ruimte, anders vriezen ze kapot.
- Plaats een kikkertrap, zodat kikkers en andere kleine dieren de vijver weer kunnen verlaten.
- Maak de vijver schoon in het voorjaar: verwijder de planten, was het grind en vul hem opnieuw met water.
- Zet de waterplanten in potjes met vijversubstraat of vijveraarde en dek ze af met jute. Hierdoor spoelen de voedingsstoffen er niet uit en wordt het water niet te voedselrijk. Dit scheelt algengroei.

Aan de slag!

- Neem een waterdichte bak die als vijver kan dienen. Vrijwel alles is geschikt: een oude gootsteen, een teil, een glazen schaal of een grote cementkuip. De ideale maten zijn 0,5 m breed en 25-50 cm diep.
- Zet de vijver in de halfschaduw, ondiep water warmt te snel op in de volle zon.
- Je kunt de bak ook (deels) ingraven; werk de randen weg met stenen en houtsnippers. Een ingegraven vijver vriest minder makkelijk dicht.
- Is de vijver dieper dan 0,5 m? Gebruik dan bakstenen om wat ondiepe plekken te maken.
- Leg grind, vijversubstraat of lavakorrels op de bodem. Hiermee creëer je diepteverschillen en er is meteen plek voor nuttige bacteriën en kleine waterdiertjes om zich te vestigen.
- Plaats de waterplanten in een mandje om overwoekering van de vijver te voorkomen.
- Zuurstofplanten zijn onontbeerlijk! Plaats het mandje met de plant geheel onder water (op de bodem) door het te verzwaren met stenen
- Drijvende planten zorgen voor schaduw en houden de algengroei binnen de perken.

Niet doen

- Gebruik geen materiaal dat giftige stoffen kan afgeven aan het water. Denk hierbij aan loden of zinken bakken, maar ook aan geïmpregneerd hout. Kalkhoudend beton zal langzaam kalkdeeltjes afgeven waardoor de zuurgraad van het water daalt. Eikenhouten vaten geven looizuur af. Als je deze materialen wilt gebruiken, breng dan vijverfolie aan de binnenkant aan, tot 10 cm over de rand.
- Plaats geen té zware vijver op een hangend balkon.
- Doe geen vissen in de vijver. Vissen eten larven van insecten en amfibieën. Ook wordt het water in een vijver met vissen eerder troebel.

uitsluipende libel

poelslak

51

Herfst

De vier seizoenen vormen een cirkel van levensenergie; zonder de ene fase kan de andere niet bestaan. Loofbomen onderbreken in de herfst tijdelijk hun sapstroom en trekken het bladgroen terug uit de bladeren. De tuinen kleuren rood, oranje en geel en de eerste bomen worden zelfs al kaal.

Om als zaadje in het voorjaar weer te kunnen ontkiemen en te groeien is vruchtbare grond nodig. Die wordt geleverd door de humus: een laag in de bodem, gevormd door – onder meer – gevallen bladeren en afgestorven planten. Deze humuslaag ontwikkelt zich in de herfst en kan de hele winter rijpen. Sommige bloemen zoals sedum en aster, hebben een lange bloeitijd: ze vormen een mooi contrast met alle uitgebloeide en afstervende planten.

De kolonies van de hommel en de wesp vallen uiteen, de honingbijen in een kast of korf kruipen allemaal bij elkaar om als één grote, trillende bol de koningin warm te houden. Op een warme dag zie je nog een enkel exemplaar vliegen, maar het forageerseizoen is echt voorbij.

Ook in de tuin is de herfst een periode van voorbereiden op de winter. In de zomer waren er insecten in overvloed, in de herfst gaan de vogels over op andere voedselbronnen. Gelukkig staan veel tuinen vol struiken met bessen en zaden. Uitgebloeide zonnebloemen zijn een waar feestmaal voor vogels als goudvinken, die er de lekkerste zaadjes uit pikken. (En het staat nog decoratief ook, die gedroogde grote bloemen.) Je kunt al beginnen met bijvoeren op de voederplank of uit de voedersilo.

Bereid de tuin voor op de winter door de pomp uit de vijver te halen en het water tot rust te laten komen. Zorg dat het egelhuisje klaarstaat voor de winterslaap. Laat de uitgebloeide bloemen en afgevallen bladeren in de border lekker liggen tot het voorjaar, zodat de insecten zich in de strooisellaag kunnen terugtrekken. Het is een goed moment om een nestkastje op te hangen voor de vogels. Ze kunnen er alvast aan wennen voor het voorjaar en slapen erin tijdens koude nachten.

Vogeltrek

Insectenetende vogels zoals vliegenvangers en zwaluwen trekken in de winter naar het zuiden. Ze brengen het grootste deel van hun leven door in Afrika en komen hier alleen om te broeden. In het broedseizoen is in Afrika te weinig (geschikt) voedsel én een gebrek aan veilige broedplekken. De lange reis weegt op tegen het voedseltekort. Daarom trekken veel vogels in het voorjaar naar Europa om daar te broeden. Het is een bijzonder fenomeen: vogels van soms nog geen 10 gram die een reis over 2 continenten maken. Door de mogelijkheid om veel vet rondom de buikstreek op te slaan in een heel korte tijd (opvetten) halen ze de overtocht. Zangvogels die overwinterende insecten pikken uit boomschors – zoals koolmezen en boomkruipers – blijven in Nederland. Sommige insecteneters, zoals de specht, gaan gedeeltelijk over op plantaardig voedsel.

bonte vliegenvanger

September

In deze maanden zijn de avonden nog zwoel. Toch is de invloed van de herfst al te merken. Het kan overdag nog warm zijn, maar in de ochtend ligt er een laagje dauw op de planten. De laatste warme dagen voordat de herfst zijn intrede doet. September is de maand van de oogst. Rijpe vruchten uit de boomgaard en de groentetuin vragen om geplukt te worden. Appels en peren, frambozen en bramen: wees er snel bij voordat ze overrijp van de boom of struik vallen. Pluk een deel voor jezelf en laat de dieren genieten van de rest.

Leven in de tuin

- eind september komen de koperwieken van hun broedgebieden in Noord-Europa naar Nederland om hier te overwinteren
- een deel van de Nederlandse spreeuwen trekt in grote groepen naar het zuiden
- de atalanta drinkt graag van rottend fruit op de voedertafel
- koolmezen, merels en pimpelmezen doen zich tegoed aan de bessen
- bomen en struiken dragen rijpe vruchten, zoals eikels en de beukennoten, appels en peren, frambozen, bramen en vlier- en lijsterbessen

bosmuis

Slakken

In de tuin kom je twee soorten slakken tegen: huisjesslakken en naaktslakken. Slakken zijn weekdieren: dieren met een zacht lichaam en – bij huisjesslakken – een extern kalkskelet (huisje). Het grootste gedeelte van hun lichaam bestaat uit water en om niet uit te drogen bevat hun huid een slijmerige laag. Met behulp van het slijm beweegt de slak zich ook voort; hij glijdt als het ware over het spoor dat hij zelf maakt. Het huisje is een onderdeel van het lichaam van de slak, daarbinnen zit een deel van zijn organen.

Slakken eten planten, schimmels en paddenstoelen. Ze hebben in hun mond een soort rasp met duizenden hoornachtige tandjes waarmee ze het voedsel afschrapen. Leg maar eens een blaadje sla bij een slak en luister goed: je hoort de tandjes knarsen. Slakken worden veel door vogels gegeten, alsook door padden en egels. Heb je te veel slakken naar je zin? Strooi dan geen slakkenkorrels, de dieren die de slak opeten krijgen dit gif ook binnen.

In bloei | vruchten rijp

appel

beuk

bruidssluier

clematis

eik

grasklokje

herfstanemoon

lijsterbes

peer

pimpernel

rode zonnehoed

vlier

Doen in september:

- uitgebloeide bloemen vanaf september laten staan: ze kunnen zich uitzaaien en ze bieden schuilplaatsen voor insecten en kleine zoogdieren
- voorjaarsbollen planten
- een vijver graven
- een net over de bestaande vijver plaatsen om het blad op te vangen

libel zet eitjes af

Een vijver vol leven

Water is een van de belangrijkste onderdelen in een diervriendelijke tuin, omdat er veel soorten op af komen. Amfibieën leven erin en planten zich voort, vogels nemen er een bad in, libellen jagen boven het water en zetten er eitjes in af en passerende zoogdieren drinken eruit.

Locatie:

Een vijver in de schaduw trekt andere soorten aan dan een die in de zon ligt. Een halve dag in de zon levert voldoende warmte voor amfibieën. Kleine vijvers drogen gauw uit in de volle zon. Let op dat er niet te veel bladeren in kunnen vallen; recht onder een boom is geen geschikte plek.

Diepte:

Een ondiepe vijver warmt snel op en trekt kikkers en kleine watersalamanders aan. Insecten leggen graag eitjes in het ondiepe water tussen de waterplanten. In een diepe vijver heb je kans op kikkers en soms zelfs kamsalamanders. Diepe vijvers vriezen ook niet helemaal dicht, zodat er onderin dieren kunnen overwinteren. Ideaal is een diepte van minimaal 80 tot 120 cm op het diepste punt.

Oevers:

Een geleidelijk aflopende oever, het liefste op een zonnige plek, biedt ruimte voor planten om te groeien. Dieren kunnen makkelijk via een glooiende oever het water verlaten. Is hier geen ruimte voor, zorg dan voor andere uittreedmogelijkheden als stenen, een boomstronk of een kikkertrap.

Veiligheid:

Heb je kleine kinderen? Dek de vijver dan af met gaas. Planten zullen hier tussendoor groeien en het helpt ook om het bladafval makkelijk op te ruimen.

Hoe maak je een vijver?

- Graaf een gat met wisselende diepten en bekleed dit met plastic of graaf een voorgevormde vijver in.
- Doe dit in de herfst en laat de vijver in de loop van de winter vollopen met regenwater. De herfst is ook een goede tijd om al bestaande vijvers schoon te maken. Zoek altijd naar overwinterende dieren tussen de verwijderde planten en zet ze terug.
- Gebruik zand op de bodem, geen vijveraarde. Die bevat te veel voedingsstoffen, wat algenbloei in de hand werkt.
- Planten kopen is meestal een kostbare aangelegenheid. Als buren en vrienden in het najaar hun vijver schonen, hebben zij vaak (gratis) planten over. Zet vijverplanten in potmandjes: dat voorkomt dat ze gaan woekeren.

Welke planten waar?

Oppervlakte
Drijfplanten zoals kikkerbeet, drijvend fonteinkruid, krabbenscheer en kroosvaren.

Oever tot 40 cm diep
Moerasplanten als dotterbloem, watermunt, grote water- weegbree, kattenstaart, grote boterbloem en gele lis.

50-100 cm diep
Lelies. De kleinere soorten minder diep plaat- sen. Gele plomp en (witte)waterlelie.

50 cm diep
Waterplanten die onder water leven (onder- gedoken waterplanten) als waterpest, glanzend fonteinkruid, waterviolier, sterrenkroos en aar- vederkruid om het water van zuurstof te voorzien.

Wel doen

- Wees geduldig. Amfibieën en insecten zullen de vijver vanzelf koloniseren.
- Heb je geen plaats voor een vijver? Een grote schaal met water waar dieren uit kunnen drinken en vogels in kunnen badderen is een waardevol alternatief.

Niet doen

- Zet geen vissen in de vijver uit. Vissen en amfibieën en insecten gaan niet samen. Vissen eten larven en eieren op en sommige soorten woelen de bodem om zodat de vijver troebel wordt.

grote spinnende watertor   geelgerande waterroofkever

watermunt

gewone pad

Een plek voor padden

Padden leven het grootste gedeelte van het jaar op het land. Alleen in het voorjaar, tijdens de paartijd, trekken ze naar hun geboortewateren om daar een partner te zoeken en zich voort te planten. Als je iets voor padden in je tuin wilt doen, loont het dus om niet alleen naar de vijver te kijken, maar ook een onderkomen op het land te maken!

Padden eten insecten en andere tuinbewoners zoals regenwormen, spinnen en slakken. Voor een natuurlijk evenwicht zijn zowel roofdieren als prooidieren nodig.

Paddenhuizen zijn kant-en-klaar te koop, maar je kunt ze ook heel makkelijk zelf maken.

Nodig:

- een oude bloempot (ongeveer 20 cm breed)
- een schep
- afgevallen bladeren, grove compost, mulch of mos

Hoe maak je een paddenhuis?

- zoek een plek in de tuin die donker, vochtig en koel is
- het liefst in de buurt van een vijver of andere waterbron
- graaf een gat en plaats de pot op zijn zijkant een klein stukje in de aarde
- zorg ervoor dat de opening richting het zuiden wijst
- bedek nu de binnenkant en de omgeving van de bloempot met de bladeren, de compost of het mos

Padden zullen het paddenhuis gebruiken om zich overdag in terug te trekken. Het zijn nachtactieve dieren, in de scheme-ring komen ze tevoorschijn.

Prima padprojecten

Padden houden van plekjes om weg te kruipen: composthopen, gestapeld hout, grote stenen en boomstammetjes.

Moeten padden een drukke weg of fietspad oversteken om bij jouw vijver te komen? Kijk of je dan kunt helpen tijdens de paddentrek. Op internet zijn verschillende paddenwerkgroepen te vinden die gezamenlijk de padden helpen 'oversteken'. Je kunt ook een veilige oversteek bewerkstelligen. Span een paddenscherm langs de berm waar de padden beginnen met oversteken en graaf langs dat scherm een emmer in. 's Avonds zet je de padden die in de emmer zijn terechtgekomen veilig aan de overkant. Op www.padden.nu staat een uitgebreide uitleg over het plaatsen van paddenschermen en het overzetten van padden.

bruine kikker

Oktober

De herfst is begonnen en ineens zijn daar de spinnen-
webben weer. In de ochtenddauw lijken ze wel met zilver
behangen. In de herfst lijken er meer spinnen te zijn dan
in andere jaargetijden. Dat komt omdat de bekende spinnen – zoals de kruisspin – tegen de herfst volwassen zijn.
Maar het is vooral illusie: in de koelere herfstnachten
ontstaat er meer dauw, wat de webben beter zichtbaar
maakt. In de winter trekken spinnen zich terug, in het
voorjaar is de nieuwe generatie nog klein en maakt maar
kleine webbetjes.
Door de hogere vochtigheid in de lucht en in de grond
komen er steeds meer paddenstoelen in de tuin. Rottend
hout is een prachtige voedingsbodem voor deze schimmels.

Leven in de tuin

gaaien zijn druk met het aanleggen
van een wintervoorraad noten
ook eekhoorns verstoppen noten en zaden
en zoeken hun holen op voor de winter
spreeuwen verzamelen zich in grote groepen
vinken trekken vanuit ons land naar het zuiden
terwijl vinken uit Scandinavië hier naartoe komen
de kleine wintervlinder vliegt

gaai

kruisspin

Wintergroen of bladval?

Loofbomen en sommige struiken laten in de winter hun bladeren vallen. Dat doen ze om niet uit te drogen. De boom zuigt water met voedingsstoffen op vanuit de grond en dat water stroomt door de stam helemaal naar boven richting de bladeren. Via de bladeren verdampt dat water vervolgens weer, waardoor de sapstroom in gang blijft. In de winter echter bevriest soms het water in de grond en kunnen de boomwortels niets meer opzuigen. De bladeren blijven wel water verdampen, waardoor de boom uit zal drogen. Door bladval wordt dit voorkomen.

Voordat de bladeren vallen worden de kostbare bladgroenkorrels uit het blad teruggetrokken. Bladgroenkorrels vervullen een belangrijke rol bij de fotosynthese (het omzetten van zonlicht in bruikbare energie en zuurstof). Deze bladgroenkorrels zorgen voor de groene kleur; als zij er niet meer zijn, kleuren de bladeren van de bomen en struiken in de herfst oranje, rood of geel.
Naaldbomen verliezen ook wel 'blad', maar dat gebeurt heel geleidelijk door het jaar heen. Door het kleine oppervlak van de naalden verdampt de boom weinig water; naalden hoeven dan ook niet af te vallen. Alleen de lariks laat – in West-Europa – in de herfst zijn naalden vallen, de rest blijft wintergroen.

In bloei | vruchten rijp

dahlia

duizendknoop

herfstaster

klimop

meidoorn

schildpadbloem

sedum

struikheide

Doen in oktober:

- nestkasten ophangen voor komend jaar, oude nestkasten schoonmaken
- vaste planten splitsen; de kluit uitgraven en doormidden delen (hiermee vermeerder je de plant als je beide delen opnieuw plant, of verklein je de kluit als je slechts één deel terugplant)
- de pomp en het filter van de vijver uitzetten: de vijver gaat in rust
- de vogelvoederplank goed schoonmaken en desinfecteren met kokend water en zeep of diervriendelijk schoonmaakmiddel
- vroegbloeiende bloembollen planten (lenteklokjes, narcissen, tulpen)

Structuur en variatie: onmisbaar voor natuur

Om veel verschillende dieren in je tuin te krijgen is variatie het toverwoord. Elke soort vegetatie trekt zijn eigen dieren aan. Door planten van verschillende hoogtes te planten maak je structuur: een geleidelijke overgang van bomen en struikgewas naar gras. Daarnaast ontstaan tussen de verschillende plantenhoogtes microklimaatjes, waar de luchtcirculatie en temperatuur anders zijn dan in de directe omgeving. Hier voelen veel vlinders en insecten zich fijn bij. Hoe meer insecten in de tuin, hoe meer amfibieën, zoogdieren en vogels.

Hoe zorg je voor variatie en structuur?

- Je bouwt een langzame overgang op van hoog naar laag, beginnend bij de erfafscheiding.
- Aan de rand plaats je de grotere bomen, zoals zomereik, hazelaar, beuk of kastanje. Er is in een tuin vaak geen ruimte voor veel bomen, dus maak een weloverwogen keuze. Sommige soorten kun je ook als haag planten.

bramen

kievitsbloem

hazelaar

Variatie langs de vijver

Ook in de overgang van land naar water kun je veel structuur aanbrengen:

- de droogste delen (het verst van het water) zijn een goede groeiplaats voor koninginnenkruid, kattenstaart en boerenwormkruid
- laat de rand van het water begroeien met oeverplanten, zoals sleutelbloem, hosta, kievitsbloem en diverse soorten varens
- in het water groeien lisdodde en waterlelie

- De tweede laag is een haag van inheemse soorten. Liefst bes- of vruchtdragend, zodat ze zo veel mogelijk functies kunnen vervullen (voedsel, schuilplaats). Denk hierbij aan sleedoorn, braam, rode kornoelje, vlier of linde. Wil je een dichte haag, plant dan vier tot vijf planten per meter. Wil je de haag wat 'losser', plant dan met een tussenafstand van een halve tot een hele meter. Losse hagen hebben een wat uitbundiger bloei en hoeven iets minder vaak gesnoeid worden om goed vrucht te dragen.
- Na de haag volgt de kruidlaag. Deze laag is bijvoorbeeld een border, waar bloemen van verschillende hoogtes in groeien. Lange bloemen zijn pioenroos, zonnehoed, phloxsoorten, sedum, Zeeuws knoopje en korenbloem. Wat lagere bloemen en bodembedekkers zijn lavendel, vrouwenmantel, anemoon, ooievaarsbek, winterheide en maagdenpalm.
- De kruidlaag gaat over in het gazon. Juist op de rand van gazon en border zul je veel insecten zien.

gulden sleutelbloem

Tip

Houd rekening met het formaat van een struik of boom als deze enkele jaren oud is. Ga eens kijken in volwassen tuinen om een indruk te krijgen van volgroeide planten.

Vogels voeren, het hele jaar door

Als het kouder wordt, verschijnen er in veel tuinen vogel-voederplanken en slingers met pinda's. Maar vogels kun-nen het hele jaar door gevoerd worden, mits je het juiste voer aanbiedt. En elke vogel heeft zo zijn eigen voorkeuren.

Lente

De vogels zijn druk met paren, nesten bouwen en jongen voeren. Dat vraagt veel energie in de vorm van eiwitten. Die halen vogels uit rupsen, spinnen, wormen en insecten. Pas als hier een gebrek aan is, zullen ze zich wenden tot de voedertafel. Ook extra kalk is wenselijk om goede eischalen te kunnen produceren; geef wat uitgekookte en fijnge-stampte eierschalen. Geef geen vetbollen en hele pinda's meer. Vetbollen worden snel ranzig in het warme weer en jonge vogels zouden kunnen stikken in hele pinda's.

Zomer

In de zomer hebben vogels eiwitten nodig om zich voor te bereiden op de trek naar het zuiden of om een vetvoorraad aan te leggen voor de winter. Plant struiken en bloemen in de tuin die veel insecten aantrekken, zodat de vogels vol-doende te eten hebben. Als het heel lang droog is en er bijna geen insecten zijn, kun je een alternatief aanbieden; geweekte hondenbrokjes of blikvoer voor honden. Doe dit met mate: het trekt ook minder gewenste dieren aan.

Wie eet wat?

Merel, spreeuw, koperwiek

`Wat` rozijnen, allerlei soorten bessen, broodkruimels, ongezouten gekookte rijst of aardappelen
`Waar` op de grond, vlak bij een struik of klimplant

Groenling, vink

`Wat` zonnepitten en andere zaden
`Waar` voedersilo

`spreeuw`

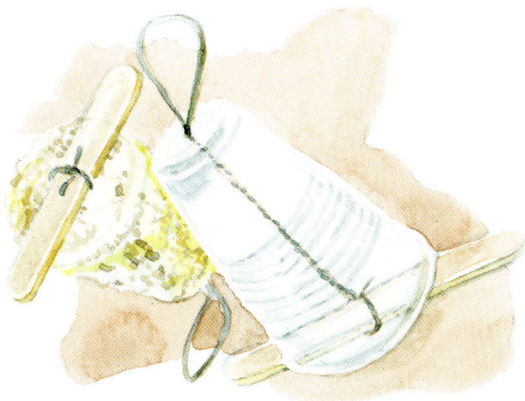

Herfst

Er moet een energievoorraad opgebouwd worden om aan de winter te beginnen. Als vogels jouw tuin nu ontdekken als voederplek, zullen ze de hele winter terugkomen. Noten, zaden en bessen zijn heel geliefd, die groeien aan struiken maar kunnen ook op een tuintafel worden neergezet Ook de pinda's en de vetbollen kun je weer introduceren. Pas op dat het voer niet gaat schimmelen.

Winter

In de winter zijn er bijna geen insecten, bessen en zaden. Aanvulling is dus van harte welkom, in de vorm van vetbollen, zaden en noten of meelwormen. Bij lichte vorst kunnen vogels nog badderen in een drinkbakje: het water glijdt gemakkelijk van de ingevette veren af. Haal bij strenge vorst het water uit het drinkbakje en vergruis wat ijsblokjes. De vogels 'drinken' de schilfers en als ze willen badderen, kan hun verenkleed niet bevriezen.

Maak een zaadklokje

nodig: frituurvet, vogelvoer, een wegwerpbekertje of klein bloempotje, een ijslollystokje en een stukje touw

- neem ongeveer dezelfde verhouding vet als zaden
- smelt het vet en roer het zaad erdoor tot een stevige massa
- neem het potje en maak een gaatje in de bodem
- leg boven op de opening het stokje
- steek een lusje touw door het gat, en sla dat om het stokje
- sluit het gaatje af met plakband om het waterdicht te maken en vul het potje met het vogelvoer
- laat het hard worden en verwijder het potje
- hang het klokje in een struik of boom
- de vogels kunnen zitten op het uitstekende ijslollystokje

Niet geven

- geen melk: vogels verteren dit niet
- geen gezouten of gebrande pinda's: zout is ongezond voor vogels
- geen bonen, linzen, erwten en dergelijke: deze zijn te groot om te verteren
- geen vloeibare olie of margarine: dit werkt laxerend
- op www.vogelsinmijntuin.nl vind je nog meer tips

Koolmees, pimpelmees, zwartkop

Wat zonnepitten, vogelzaad, vetbollen, pinda's
Waar voedertafel, voederhuisje of in een boom

Specht, boomklever en boomkuiper

Wat vetbollen, zonnepitten, spekzwoerd, pinda's
Waar in een boom op een rustige plaats

Winterkoning, roodborst

Wat broodkruimels, havermout, meelwormen
Waar op de grond (sneeuwvrij!) vlak bij beschutting

November

Inmiddels zijn de meeste loofbomen kaal en staat de tuin er een beetje treurig bij. Op een druilerige grijze dag lijkt de zomer met zijn uitbundige bloemenzee en frisgroene planten wel heel ver weg. Gelukkig is er nog voldoende leven te ontdekken. Vogels eten van de bessenstruiken en ook het overjarige fruit dat van de boom is gevallen vindt nog gretig aftrek. De meeste zoogdieren en insecten hebben zich inmiddels teruggetrokken om aan de winterslaap te beginnen.

Leven in de tuin

- vinken komen af op de bes- en nootdragende struiken en op de voedertafel
- gaaien laten zich meer zien
- vogels overnachten in nestkastjes tegen de kou
- er vormen zich paddenstoelen op het rottende hout

rozenbottels   vink

Lieveheersbeestjes

Lieveheersbeestjes zijn kevers. Ze hebben een halfronde bolvorm en korte pootjes. Hun vliesvleugels zijn verborgen onder een ondoorzichtig dekschild. Ze kunnen geel, zwart, rood of wit zijn en hebben vaak stippen. Het bekendste lieveheersbeestje is het zevenstippelig lieveheersbeestje, rood met zwarte stippen.

De geelgekleurde eitjes worden in het voorjaar gelegd, meestal in groepjes bij elkaar onder een blad. De larven zijn in de maanden mei en juni in de tuin te zien, waar ze voornamelijk leven van bladluizen. Ze lijken op kleine, stekelige rupsjes en hebben felgele en -rode kleuren. Ze kunnen hun huid als een harmonica uitrekken en als ze daar helemaal uitgegroeid zijn, vervellen ze.

Na een aantal vervellingen verpoppen de larven. Ze zoeken daarvoor een rustige plaats. Vaak zie je op de meest uiteenlopende plekken poppen 'vastgeplakt' zitten: op planten en struiken en op tuindeuren, stoelen en tafels. Na ongeveer een week komen de volwassen exemplaren uit de pop, klaar om de luizen in de tuin aan te vallen.

De meeste lieveheersbeestjes leven een jaar. Het veelkleurig Aziatische lieveheerbeestje, ooit naar ons land gehaald als biologische bestrijder van luizen, is een uitzondering. De soort is zo succesvol dat hij, bij gebrek aan voldoende andere prooidieren, ook inheemse lieveheersbeestjes opeet. Nu is de soort zelf een bijna een plaag geworden. Dit lieveheersbeestje kruipt 's winters in grote groepen bij elkaar. Je kunt ze dus in winterrust tegenkomen in de schuur of op zolder.

In bloei | vruchten rijp

dwergmispel

sneeuwbal

winterheide

vuurdoorn

Doen in november:

- fruitbomen en struiken planten
- rozen snoeien
- het voeren van de vogels wordt nu belangrijk
- de grond spitten waar geen planten blijven staan in de winter
- voorjaarsbollen als tulp en krokus planten

Bloemen in de border

Een border is een must voor je tuin. Als het niet lukt in de volle grond, bijvoorbeeld door ruimtegebrek, dan is een border van bloempotten natuurlijk ook een optie. Bloemen trekken insecten als bijen, hommels en zweefvliegen aan, die op hun beurt weer gegeten worden door vogels. Het is belangrijk dat er door het hele jaar heen nectar en stuifmeel te vinden is in de tuin. Stel een border samen van bloemen die gedurende verschillende perioden bloeien, zodat er altijd iets te halen valt. Bovendien heb je dan zelf ook altijd bloeiende bloemen om van te genieten!

- Voor een rustig beeld is het prettig om de kleuren op elkaar af te stemmen. Kies gelijksoortige kleuren in een border. Denk na over de border in de winter. Blijven er planten staan die insecten een schuilplaats kunnen bieden? Heb je een balans tussen vaste planten en een- en tweejarige?
- Kies planten met een vergelijkbare groeikracht. Je wilt voorkomen dat een soort veel sneller groeit en dat die de andere planten in de verdrukking of permanente schaduw komen.
- Houd rekening met de grondsoort. Op droge grond zijn soorten als hemelsleutel en kattenkruid goede groeiers, op vochtige grond bijvoorbeeld zilverkaars en kattenstaart.
- Denk aan de zonlichtbehoefte. Sommige soorten staan het liefst in de zon, andere in de (half)schaduw.

boomhommel

Voorjaarsbloeiers

groot hoefblad
speenkruid
smeerwortel
maarts viooltje

Herfstbloeiers

koninginnenkruid
sedum
vlinderstruik
hemelsleutel

Zomerbloeiers

duizendknoop
kaasjeskruid
kattenstaart
spirea
teunisbloem
vrouwenmantel
zonnehoed

Winterbloeiers

winterjasmijn
kerstroos
winterviooltje
winterheide

Uilen

Uilen zijn mysterieuze wezens die geruisloos door de nacht vliegen op zoek naar hun prooi. Ze hebben de reputatie slim te zijn, denk maar aan de leidende rol van Meneer de Uil in *De Fabeltjeskrant* of Uil uit de verhalen van Winnie de Poeh. Ook in de huidige literatuur komen uilen aan bod: de sneeuwuil Hedwig van Harry Potter uit de gelijknamige boekenserie spreekt zeer tot de verbeelding. Uilen zijn echter geen huisdieren. Om uilen te kunnen houden en africhten is veel specialistische kennis, tijd en ervaring nodig. Uilen verwelkomen in je tuin is een makkelijkere stap.

Uilen hebben rust en ruimte nodig, in een kleine stadstuin zal niet snel een uil komen broeden. Een muisje verschalken kan wel, zeker als vlakbij een groep (oudere) bomen staat. Daar houdt zich bijvoorbeeld de ransuil op.

steenuil

bosuilenkast

jonge ransuil

Steenuilen leven in een cultuurlandschap met oude fruitbomen, vervallen schuurtjes en boerenerven met knotwilgen. Ze jagen vanaf een uitkijkplaats. Een paaltje van de erfafscheiding of een houtstapel van 1,5 m hoog is daarvoor zeer geschikt. Ook zitten ze graag op daken van schuurtjes. De eerste ontmoeting is er vaak een met een steenuil op de uitkijk! Ze jagen ook graag bij vijvers en composthopen, dus als je die in je tuin hebt, vergroot dat de kans op steenuilen. Maar kijk uit: verdrinking is een veel voorkomende doodsoorzaak bij jonge steenuilen. Zorg ervoor dat vijvers of tonnen met water een makkelijke 'uitgang' hebben, zoals een kikkertrap.
Een steenuilenkast is langwerpig: 70 cm lang, 20 cm breed en diep. Maak op de kopse kant een vliegopening van 7 cm doorsnede. Hang de kast horizontaal tussen de takken.

Ransuilen zijn in de schemering actief en herkenbaar aan de oorpluimen. Hij jaagt op open terreinen op muizen en kleine vogels. 's Nachts slaapt de ransuil in een boom, dicht tegen de stam aan. In de winter zoeken ze elkaar op in zogenoemde 'roesten'. Meestal zijn dat groepen coniferen. Deze roestplaats wordt vaak vele winters achter elkaar gebruikt. Ook in de bebouwde omgeving kunnen zulke roestplaatsen voorkomen. Houd groepen bomen in het open landschap in de winter goed in de gaten!

Kerkuilen leven en jagen in open weidegebieden. Hang een kerkuilenkast in de schuur of op zolder. Maak binnen in de kast 2 compartimenten door een klein 'drempeltje' in het midden te leggen, een soort tussenschotje van een paar cm hoog.
Maak de kast 70 cm breed en 40 cm hoog en diep. De vliegopening in de bovenhoek meet 20 bij 20 cm. De drempel komt op 35 cm breedte.

Bosuilen broeden in holtes van bomen. Als die er niet zijn, maken ze ook gebruik van een uilenkast. Bosuilen leven in bossen met open plekken of in parkachtig landschappen. Is jouw tuin geschikt voor een bosuil? Maak dan een uilenkast en hang deze hoog in een boom.
Een geschikte nestkast voor bosuilen is schuin aflopend, ongeveer 50 cm hoog aan de voorkant en 55 cm aan de achterkant. Circa 35 cm breed en diep en met een vlieggat van 15 cm diameter boven in aan de voorkant.

Er zijn verschillende uilenwerkgroepen actief in Nederland. Op internet zijn gegevens te vinden van een werkgroep bij jou in de buurt:

www.kerkuil.com

www.steenuil.nl

www.vogelbescherming.nl

bosmuis

Winter

De winter is een periode van rust. Plantenzaden wachten onder de grond tot het warm genoeg wordt om te ontkiemen. Insecten hebben zich verscholen in kleine gaatjes tussen de stenen en in holle plantenstengels. Padden en kikkers hebben zich ingegraven in de modder op de bodem van de vijver totdat de vorst weer voorbij is. Egels en vleermuizen zijn in diepe winterslaap. Ook al lijkt het in de natuur even stil te staan, er zijn ook een heleboel dieren die juist heel actief zijn in de winter. Vogels zijn hele dagen bezig met het verzamelen van voedsel, zodat ze genoeg energie hebben om warm te blijven. Pinda's en vetbollen leveren veel energie. Strooi ook wat voer op de grond, niet alle vogels eten graag van een voedertafel.

- Er lijkt niet zo veel te doen in de tuin, maar ook nu kun je al best wat voorbereiden op de lente. Zeker in januari en februari kun je binnen al wat planten voorzaaien.
- In de winter moet natuurlijk het nodige snoeiwerk gebeuren. Je snoeit dan de druif bijvoorbeeld omdat de sapstroom stilstaat. Als je hem te laat snoeit zal hij gaan 'bloeden': omdat de sapstroom op gang is gekomen lekt er vloeistof uit de 'snoeiwond'.
- Het is vooral zaak om op te letten dat de sneeuw niet te zwaar wordt voor de takken aan de bomen en struiken; schud deze regelmatig even schoon.

Bodemleven

Een tuin waar veel wil groeien en bloeien, begint onder de grond met een gezond bodemleven. Ondergronds zijn kleine bodemdieren, bacteriën en schimmels altijd bezig om van de afgevallen bladeren en rottende plantenwortels weer vruchtbare grond te maken. Dit proces heet vertering of humusvorming. Afbraak zorgt voor het weer beschikbaar komen van de voedingsstoffen die planten nodig hebben om te groeien. Als je extra voeding, bijvoorbeeld compost, toevoegt aan de bodem, ga dan eerst na wat voor soort bodem jouw tuin heeft. Zandgrond heeft meer nodig dan kleigrond. Bij een zanderige bodem spoelen de voedingsstoffen gemakkelijker weg doordat de ruimte tussen de korrels groter is dan bij klei.

De meest bekende bodemverbeteraar is de regenworm. Hij eet zich een weg door de bodem en laat hoopjes zand en wormenpoep achter in de border en het gras. Met zijn gewoel maakt hij ook ruimte voor lucht in de bodem. Vroeger werd gedacht dat spitten goed was voor het bodemleven en de vruchtbaarheid van de grond, maar dat blijkt niet zo te zijn. Een gezonde bodem laat je het liefst met rust: hoe minder verstoring hoe beter. Frezen en spitten is vooral zinvol in een nieuwe tuin (of een nieuw stuk te beplanten tuin).

December

Op 21 december is de officiële meteorologische start van de winter, al voelt het voor sommigen na de jaarwisseling vaak al alsof de lente bijna begint. De echt koude maanden staan nu voor de deur. 21 december is ook de dag van de winterzonnewende, de kortste dag van het jaar. Na deze datum worden de dagen weer langzaam langer. In december is er niet zo veel werk te verrichten in de tuin, behalve ervoor zorgen dat de vorst en de kou niet te veel vat krijgen op het leven. Sneeuw schudden, vogels voeren en planten en vijver beschermen tegen bevriezing is werk genoeg.

Leven in de tuin

- de blauwe reiger gaat bij de tuinvijver op zoek naar een makkelijk maaltje
- de Turkse tortel laat zich zien bij de voederplaats als er brood en maïs ligt
- de roodborst zingt en start de afbakening van zijn territorium

roodborst

Levenscyclus libellen

Libellen ondergaan in hun leven een onvolledige metamorfose. Waar een vlinder, na een tijdje als rups te hebben geleefd, zich verpopt en dan transformeert tot vlinder, gaat een libellenlarve geleidelijk over naar zijn volwassen vorm.

Libellen beginnen als eitjes, die meestal in of vlak bij het water worden gelegd. Het leggen wordt voorafgegaan door het prachtige schouwspel van de paring: het paringswiel. Het mannetje maakt zijn zaadpakket met zijn achterlijf vast onder zijn kop en grijpt met het achterlijf het vrouwtje beet achter haar kop. Samen vliegen ze zo een tijdje, in tandem. Het vrouwtje brengt vervolgens haar achterlijf naar de kop van het mannetje om het zaad te ontvangen en als 'wiel' vliegen ze zo verder. Afhankelijk van de soort kan dit minuten tot uren duren. Sommige mannetjes blijven bij het vrouwtje als zij de eitjes legt. De larven die uit de eitjes komen zijn echte rovers: ze eten waterinsecten en soms zelfs kleine visjes. Libellenlarven groeien langzaam; sommige soorten doen er wel twee jaar over om een volwassen libel te worden.

Als het zover is, kruipt de larve tegen een stengel van een oeverplant uit het water om uit te sluipen. De huid op de rug barst open; eerst komt langzaam het achterlijf tevoorschijn en daarna de kop. De libel pompt met zijn lichaamsvloeistof zijn vleugels op en moet dan nog een tijdje 'uitharden' voordat hij wegvliegt. Het huidje blijft zitten aan de oeverplant; leuk om daarnaar op zoek te gaan bij je eigen vijver!

In bloei | vruchten rijp

hulst · skimmia

winterviooltje · winterjasmijn

Doen in december:

- het tuingerei schoonmaken en invetten
- zaden bestellen voor het nieuwe tuinseizoen
- bomen en heesters snoeien
- sneeuw van takken en hagen schudden
- vorstgevoelige planten beschermen tegen bevriezing
- houd een deel van de vijver open door er als het ijs nog dun is een pannetje kokend water op te houden

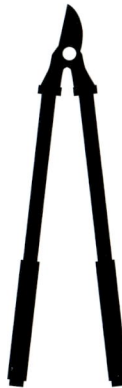

Nestgelegenheid

Het is het ultieme compliment aan jou als tuineigenaar: vogels en kleine zoogdieren die er een nestje bouwen. Om dieren uit te nodigen moet je veel nestgelegenheid creëren in je tuin. Om jongen groot te brengen zijn dieren vooral op zoek naar beschutting, rust en voedsel. Hang nestkastjes nooit onbeschut, maar zorg dat er rondom altijd gelegenheid is om weg te kruipen. Een nestkastje dat te open hangt is kwetsbaar voor roofdieren en weersomstandigheden.

Ieder heeft zijn eigen voorkeur

Als je veel bomen hebt en weinig struiken, dan trek je vooral boombroedende vogels aan, zoals duiven, eksters en kauwtjes. In veel steden bestaat het openbaar groen vooral uit gras en bomen, waardoor de hoeveelheid boombroeders veel groter is dan het aantal zangvogels, die voornamelijk in struiken broeden. Ten onrechte krijgen de grotere soorten het verwijt dat ze de zangvogels opvreten. Dit is niet zo, er is slechts te weinig nestgelegenheid voor de zangvogels. Daarvoor zijn struiken en klimplanten nodig. Elke vogel heeft zijn eigen voorkeur en dat geldt ook voor zoogdieren en insecten.

Hagen, struiken en klimplanten

Merels, roodborstjes en winterkoninkjes broeden hier. Ze zoeken beschutting tegen hun vijanden als katten en roofvogels. Vlinders leggen hun eitjes op verschillende klimplanten, net als lieveheersbeestjes.

groenling

Turkse tortel

Nestgelegenheid voor insecten

Solitaire bijen leggen hun eitjes in houtblokken met gaatjes of in holle rietstengels. Een insectenhotel (zie pagina 90-91) biedt ook ruimte om te overwinteren.

Broeden naast de vijver

Watervogels broeden graag dicht bij het water. Als je een grote vijver hebt, zal de wilde eend wellicht zijn eieren in de oeverzone leggen. Een opgaande begroeiing langs de vijver die voldoende bescherming biedt, is daarvoor wel essenti-eel.

Broeden op het dak

Heb je een plat dak waar misschien zelfs grind op ligt? Voor je het weet heb je een paartje scholeksters dat je 's morgens uit je slaap houdt.

Broeden onder de dakpannen

Gierzwaluwen, mussen en zelfs eksters of merels kruipen graag onder dakpannen om hun nest te maken.

Nestkastjes aan de muur en in de boom

Koolmezen, pimpelmezen, staartmezen en mussen maken dankbaar gebruik van nestkastjes. Ook eekhoorns gebruiken graag een kastje bij gebrek aan natuurlijke holtes. Boom-bewonende vleermuizen laten zich af en toe ook verleiden tot een intrek in een nestkast.

Nestkastjes op de grond

Voor egels kun je een egelhuisje neerzetten waarin ze kunnen overwinteren en in alle rust hun jongen kunnen krijgen. Zet het huisje op een rustige plek in de tuin, een beetje beschut.

Voor alle kastjes geldt:
Zet ze niet in de volle zon en richt de opening naar het noordoosten.

Een bijenkorf

Je hoeft geen landgoed te bezitten om een bijenkast neer te zetten; ook in een stadstuin kun je prima bijen houden. Bijen zijn – als je ze met rust laat – vredelievend en ze zorgen voor bestuiving van de planten. Daarnaast maken ze honing en bijenwas. Kijk op internet om een lokale bijenhouder-vereniging te vinden die je een eindje op weg helpt met informatie en misschien zelfs materiaal en een bijenvolk.

www.bijenvereniging.nl

Nestkastjes

Nestkastjes spreken tot de verbeelding. Het zijn een soort geheime doosjes, waar ouders in verdwijnen met voedsel en waar na een tijd ineens allemaal jongen uitkomen. Nestkastjes voor vogels bestaat in allerlei soorten en maten. Een basiskastje is makkelijk te maken, en door te variëren in grootte kun je het geschikt maken voor vrijwel alle tuinvogelsoorten.

Tips voor zelfgemaakte nestkastjes:

- gebruik hout dat tegen regen kan
- als je het hout beitst, doe dit dan alleen aan de buitenkant! anders zullen de vogels er niet in willen broeden
- een klein balkje onder de vliegopening geeft de oudervogel een makkelijk zitje op weg naar binnen
- zorg dat de kast een kleur heeft die in de omgeving past – een pimpelpaars kastje in een groene struik zal niet veel vogels trekken, een wit kastje op een witte muur wel

Nestmateriaal

Vogels bouwen nestjes met alles wat ze vinden. In de grachten van grote steden bouwen meerkoeten nesten van plastic zakken en in een industriegebied in Rotterdam is weleens een duivennest van ijzerdraad gevonden. Geef de vogels in jouw tuin de mogelijkheid om natuurlijke nestmaterialen te verwerken door een schaaltje met draadjes wol, hondenhaar of veren neer te zetten.

winterkoning

spreeuw

nestmateriaal

koolmees

pimpelmees

Basisnestkastje
met dichte voorkant

- neem plankjes van 2 cm dikte
- de bodem van het kastje is 10 x 10 cm (A & B)
- het voorpaneel en het achterpaneel zijn 10 x 20 cm (C)
- het dak is 14 x 18 cm (D), zodat het dakje iets overhangt
- maak kleine latjes in het dak op 10 x 10 cm, zodat het deksel goed in het kastje valt
- de vliegopening is 2.6 - 2.8 cm groot (E), en zit op ongeveer 2/3 van het voorpaneel
- hang het kastje op 2,5 - 3 m hoogte tegen een boom of aan een gevel – zorg dat het in het laatste geval vlak bij wat struiken hangt, zodat de vogels zich veilig voelen en makkelijk kunnen vluchten

Dit kastje is geschikt voor verschillende soorten, afhankelijk van de maten die je kiest.*

Basisnestkastje met open voorkant

Er zijn ook vogels die graag in een kastje broeden dat een open voorkant heeft. In deze kastjes zijn de jongen echter heel kwetsbaar. Je kunt deze kastjes dus niet aan een boomstam ophangen. Plaats ze alleen achter stevige, klimmende vegetatie of in een heg.

Het kastje is 15 x 12 x 20 cm. Het voorpaneel is slechts 10 cm hoog, zodat de vogels daar naar binnen kunnen.

maten (in cm's)	pimpelmees matkop kuifmees	koolmees bonte vliegenvanger gekraagde roodstaart	spreeuw bonte specht boomklever	groene specht bonte specht
A & B	10 x 10	13 x 13	13 x 13	15 x 13
C	20	25	25	50
D	14 x 18	17 x 21	17 x 21	17 x 21
E	2.6 - 2.8	3	3.2 - 3.5	6

* Uit: Vogels onder dak van Tom den Boer en Frank Majoor, Vogelbescherming Nederland.

Januari

Januari en februari zijn de koudste maanden van het jaar. Als het een tijdlang een paar graden onder nul is heb je kans dat het hele vijveroppervlak dichtvriest. De CO_2 die in de vijver wordt geproduceerd (door rottende plantenresten) kan dan niet weg en het water in de vijver verzuurt. Als de vijver een week dichtgevroren is, is daarom de tijd rijp om een opening te maken. Maak geen wak! Daarmee creëer je trillingen onder water die slecht zijn voor het leven in de vijver. Ook het gieten van warm water over het ijs is geen goed idee. Zet in plaats daarvan een pan met heet water op het ijs. Die laat het ijs langzaam smelten. Steek daarna een bos stro in de opening: hierdoor vriest het minder snel dicht. Als dit toch gebeurt, dan kan het CO_2 via de holle stengels alsnog ontsnappen.

Leven in de tuin

- op zonnige dagen vliegt de winterjuffer
- vinken zoeken voer onder de voedertafel
- de groenling eet van de rozenbottels
- de roffel van de grote bonte specht is te horen – in koude winters zoekt hij dicht in de buurt van woonwijken voedsel

rozenbottels

pestvogel

Winterslaap

De winterslaap is een manier om een lange koude winter door te komen zonder energie te hoeven besteden aan het zoeken van (moeilijk vindbaar) voedsel. Dieren in winterslaap verlagen hun hartslag, ademhaling en lichaamstemperatuur, en raken in een soort onderkoelde toestand. De vetvoorraad die ze in de herfst hebben opgebouwd dient als voedselbron voor de winter. In Nederland houden egels, vleermuizen, ringslangen, insecten, kikkers en padden een winterslaap. Ze zoeken een warme en veilige plek en zijn een aantal maanden niet meer te zien. Egels kunnen soms wakker worden en even rondscharrelen voordat ze weer in winterslaap teruggaan. Het stijgen van de temperatuur en het langer worden van de dagen zorgen er samen voor dat de dieren ontwaken.

In bloei | vruchten rijp

klimop

mahonia

Doen in januari:

- de zaden op de voederplank aanvullen met stukken appel en ander fruit
- de vijver gedeeltelijk vorstvrij houden
- de sneeuw van zwaar beladen bomen en takken halen
- de sneeuw van de nog bevroren delen van de vijver om licht door te laten
- meedoen met de Nationale Tuinvogeltelling!

Kijk op www.vogelbescherming.nl

vink

81

sedum

groendak

Groendaken

Een groen dak is een voortzetting van je tuin op een – letterlijk – hoger niveau. Groene daken bieden ruimte aan planten en ze zorgen daarmee voor nectar en beschutting. En groene daken bieden nog meer voordelen. Een groen dak houdt water langer vast dan een pannen- of bitumendak, waardoor de belasting op het riool tijdens grote stortbuien een stuk minder wordt. (Geen plassen meer op het terras!) Een groen dak houdt ook warmte vast, wat minder stookkosten betekent.
Als je een groen dak wilt maken, houd dan rekening met de constructie en draagkracht van je dak. Laat hier een professioneel bedrijf naar kijken!

Extensieve groendaken

- Extensieve groendaken hebben weinig onderhoud nodig en zijn meestal begroeid met sedum: vetplanten die goed tegen extreme condities kunnen, zoals veel zon of regen. Ook bieden ze nectar voor insecten.
- Zorg voor een goede waterafvoer (regenpijp). (Als sedum onder water staat gaat het stinken.)
- Een sedumdak gaat tot wel 3x zo lang mee als originele dakbedekking!
- Sedum kun je 'op de rol' kopen en zelf op je dak leggen of dit door een dakdekkersbedrijf laten doen.
- Een extensief groendak is ook mogelijk op een schuin dak, tot een hellingshoek van 45 graden. Vanaf 35 graden moeten er wel speciale constructies worden gebruikt.

zweefvlieg

Intensieve groendaken

- Een intensief groendak is eigenlijk een complete tuin, maar dan op een dak. Je kunt het zo gek maken als je wilt: als er voldoende dik substraat op het dak kan liggen (minstens 30 cm) kunnen er zelfs bomen groeien.

- Intensieve groendaken zijn zwaar (tot wel 400 kg per m2) en kunnen bij uitzondering bij renovaties van bestaande huizen worden geplaatst. Beter is het om de wens voor een groen dak meteen bij de nieuwbouw mee te nemen.

- Op een intensief groendak kun je paden aanleggen en hagen en struiken planten. Zelfs een moestuin behoort tot de mogelijkheden!

Een groendak (intensief of extensief) bestaat uit een aantal lagen: een waterkerende en wortelkerende laag, een beschermlaag, een drainagelaag, een filterlaag, een laag substraat en daarop de vegetatie.

Voor extensieve groendaken verlenen sommige gemeentes subsidie. Hiermee kun je een groendak nog makkelijker realiseren. Voor een intensief groendak heb je soms een vergunning nodig; onderzoek dat eerst bij je gemeente voordat je start met de aanleg.

Heb je geen mogelijkheden om je dak groen te maken, dan kun je nog steeds gebruikmaken van de ruimte om iets voor het leven in de tuin te doen. Bloempotten met nectarplanten als lavendel, petunia of heide fleuren een saai dak al heel wat op. Relingen van een (Frans) balkon kun je laten begroeien met blauwe regen of een druif. Schalen met water voorzien in de drink- en badderbehoefte van vogels. En zet vooral een stoeltje op je platte dak om van de zon te genieten als hij in de tuin niet meer te zien is!

petunia lavendel heide tijm kalanchoë

Wie komt er wanneer in de tuin?

Na al die aanpassingen in de tuin ben je natuurlijk benieuwd of het zijn vruchten afwerpt. Komen er nu meer dieren en insecten naar je tuin? En wat komen ze daar dan doen? Blijven ze lang of kort, eten ze wat of planten ze zich zelfs voort? Raken al die mooie zelfgemaakte huisjes wel bewoond? Tijd om een logboek te starten!

Het doen van natuurwaarnemingen door de tijd noemen we monitoring. Je monitort gedurende de seizoenen wat je aan ontwikkelingen ziet in de tuin. Als je de jaren met elkaar vergelijkt, kun je zien welke groei je tuin doormaakt. Je merkt bijvoorbeeld dat er dit jaar meer vlindersoorten zijn dan twee jaar geleden of dat het koolmeesje dit jaar drie legsels had en afgelopen voorjaar 'maar' twee.

Wat zet je in een logboek?

- De datum van de start van gebeurtenissen in de tuin. De eerste kikkerdril, de eerste zang van het roodborstje, de start van de nestbouw bij de koolmezen. Wanneer komt er bloesem aan de appelboom en wanneer sluipen de eerste libellen uit?
- De datum en de weersomstandigheden. Het helpt je om te begrijpen welke dieren je wanneer in het jaar ziet. Bij welke temperatuur zie je de citroenvlinder vliegen? En wanneer worden de vleermuizen actief?
- Soorten en aantallen. Welke vogels komen er allemaal af op de voederplank? En zijn het hele groepen of is het maar een enkeling?
- Gedrag van dieren. Eet een mus liever van de voedertafel of de grond? Loopt de egel altijd door de struiken of juist over het gazon? Schuilen de padden onder bladeren van de waterplanten of warmen ze in het zonlicht op een steen?

Kopieer het voorbeeld achterin (binnenkant omslag) voor je eigen logboek.

oranjetipje

Een stapje verder

- Voor het monitoren van bepaalde diergroepen heb je meer nodig dan alleen pen en papier. Nachtvlinders komen af op licht en stroop. Op pagina 25 staat een recept om stroop te maken. Smeer het op een boomstam en schijn met een zaklamp om te zien welke vlinders erop af gekomen zijn. Een andere techniek is het spannen van een wit laken, waarachter je een felle lamp laat schijnen. De vlinders komen af op het licht en blijven stilzitten op het laken.
- Vleermuizen zijn moeilijk te determineren met het blote oog, zeker als ze vliegen. Het geluid van elke soort is echter uniek en dat kun je opvangen met een speciaal apparaatje: de batdetector. Die zet de sonargeluiden om in piepjes, waarvan de frequentie aangeeft welke soort het is. Meer hierover op www.zoogdiervereniging.nl.

Tips om te monitoren

- Neem een foto van je tuin tijdens verschillende seizoenen en jaren, het liefst altijd vanuit dezelfde hoek. Zo zie je de veranderingen door de tijd.
- Houd een soortenlijst bij. Hoeveel verschillende vlinders en vogels bezoeken jouw tuin?
- Welke planten worden bezocht door vlinders en andere insecten, welke niet?
- Doe mee aan landelijke tellingen als de tuinvlindertelling en de tuinvogeltelling.

- Voor een keverval graaf je een plastic bekertje met wat gaatjes in de bodem tot maaiveldniveau. Dek het af met een 'dakje' van steen of blad. Kijk in de ochtend welke soorten erin terechtgekomen zijn (en laat ze daarna weer vrij!).

Waarnemingen welkom!

Veel natuurorganisaties doen onderzoek naar verspreiding van soorten en ze zijn altijd blij met extra waarnemingen. Op verschillende websites kun je jouw gegevens invoeren. Het voordeel is dat je ook meteen een eigen digitaal archief hebt. Kijk op www.telmee.nl en www.waarneming.nl.

Februari

De dagen worden nu merkbaar langer en de eerste voorzichtige vogelzang is alweer te horen. Het roodborstje was al de hele winter bezig met de afbakening van zijn (voedsel)territorium en nu volgen ook andere soorten. Het kan deze maand nog erg koud zijn, let erop dat het vogelbadje niet dichtvriest. Februari is een goede maand om planten te verpotten die te groot dreigen te worden voor hun huidige behuizing.

citroenvlinder

heggenmus

Leven in de tuin

- bruine kikkers verzamelen zich op de paarplaatsen, zelfs bij ijs op de vijver!
- de heggenmus zingt in de top van bomen en struiken
- de lieveheersbeestjes ontwaken uit hun winterslaap
- bij warme, zonnige dagen vliegen de eerste citroenvlinders en dagpauwogen

zevenstippelig lieveheersbeestje

Verschil een- en twee-jarige en vaste planten

Bij veel tuinplanten wordt vermeld of ze eenjarig, tweejarig of vaste plant zijn. Wat zijn de verschillen?

Een **eenjarige plant** doorloopt zijn hele cyclus van zaadje, ontkieming, groei en zaad- of vruchtzetting in één jaar. De plant sterft daarna en moet dus opnieuw worden ingezaaid of geplant als je hem het komende jaar terug wilt zien. Korenbloemen en lathyrus zijn eenjarige planten, net als zonne-bloemen.

lathyrus

Tweejarige planten leven twee jaar. In het eerste jaar groeien de stengel, wortels en bladeren; de lente en zomer daarop bloeit de plant en worden de zaden gevormd. Daarna sterft de plant. Stokrozen en groot kaasjeskruid zijn voorbeelden van tweejarigen.

stokroos

Planten die langer dan twee jaar leven heten **vaste planten**. Een uitzondering hierop zijn bomen en struiken, die worden 'houtige planten' genoemd. Vaste planten blijven voortbe-staan doordat de bron waaruit ze ont-staan (wortels, knollen) blijven leven terwijl het groen boven de grond af-sterft. Elk voorjaar zie je de vaste plan-ten weer opkomen. Vrouwenmantel en phloxsoorten zijn voorbeelden van vaste planten.

phlox

In bloei

hazelaar

helleborus

krokus

sneeuwklokje

winterakoniet

Doen in februari:

- compost strooien op de bloembedden (als de sneeuw weg is)
- vogels blijven voeren, ook op de grond
- clematis snoeien
- het gazon zo veel mogelijk onbelopen laten, het kan stukgaan als de ondergrond bevroren is
- op vorstvrije dagen kuip- en potplanten water geven

koolwitje op lavendel

engelwortel

Kruidenhoek

Kruiden zijn belangrijk voor insecten door de nectar en het stuifmeel, en voor vogels door de zaden die ze produceren. Ook zelf kun je veel plezier beleven aan kruiden. Je kunt ermee koken, ze in salades verwerken of er thee van zetten. Een kruidentuintje beheren is heel dankbaar werk: er is altijd wel een blaadje om te plukken en tussen je vingers te verkruimelen, zodat het heerlijke aroma vrijkomt. Sommige kruiden houden juist insectenweg. Dubbel winst!

Een kruidentuintje kun je langs de rand van het terras of gazon maken of je kunt een apart hoekje inrichten. Kruiden die van oorsprong langs de Middellandse Zee groeien, zoals rozemarijn, tijm en salie, staan graag in de volle zon. Kruiden die van halfschaduw houden zijn bijvoorbeeld bieslook, peterselie en kervel.

Ook in potten kun je kruiden kweken. Munt woekert snel, zet die dus in potten in plaats van in de volle grond. Ze kunnen in de zon of in de halfschaduw groeien.
Citroenmelisse trekt veel bijen aan, die ook de rest van je tuin bestuiven. Fruitbomen hebben hier veel profijt van. Ook houdt het muggen op afstand; plant het dus lekker dicht bij je terras.

basilicum

oregano

Kattenkruid doet zijn naam eer aan, het heeft een enorme aantrekkingskracht op katten. Vaak gaan ze er middenin liggen, de mooie paarse bloemetjes plettend. Ze laten de rest van de tuin dan vaak met rust, dat scheelt weer.

Wilde marjolein of oregano heeft prachtige paarse bloemen waar graag vlinders op afkomen. Plant of zaai dit kruid in april in de volle zon. Je kunt de blaadjes gebruiken in mediterrane gerechten.

Engelwortel maakt zaden die graag door vogels en zoogdieren worden gegeten. Ze houdt van een vochtige, rijke grond. Een kruid waar je qua toepassingen in de keuken niet zo gauw aan denkt is brandnetel. Toch kun je er heerlijke soep van koken. En misschien ben je bekend met brandnetelkaas? De plant zelf is waardplant voor veel vlindersoorten, waaronder kleine vos en atalanta.

Mieren houden niet van boerenwormkruid. Plant je dit vlak bij de keukendeur, dan houd je de mieren buiten. Ook vlooien blijven ermee op afstand: vroeger legde men een bosje in de mand van de hond of kat om die vlo-vrij te houden. De plant bloeit van juli tot oktober met grote gele bloemen.

Korenbloemen hebben prachtige blauwe bloemen en worden veel bezocht door zweefvliegen.

Van kamille kun je heerlijke thee zetten, en loopkevers overwinteren graag tussen de wortels.

Bernagie is geliefd bij bijen en hommels. De plant heeft een komkommerachtige smaak en is heerlijk door de salade. Dit heeft hem de naam 'komkommerkruid' opgeleverd.

Bij tuincentra en webshops zijn zaadmengsels te koop met verschillende kruiden, vaak eenjarigen. Naast toepassingen in de keuken leveren ze een bloeiende border op, vol kleurige bloemen. Maak de grond diep los en vrij van ongewenste planten en egaliseer hem daarna met een hark. Strooi het zaad goed verspreid uit en bedek het met een laagje potgrond of tuinaarde. De zaden kun je het beste van half april tot half juni zaaien.

rozemarijn

munt

salie

tijm

Voor ieder insect een eigen hotel

In de nog koude maand februari is er ook tijd om binnenshuis te knutselen aan onderkomens voor insecten. In de lente en de zomer zullen ze je heel dankbaar zijn!

Oorwurmenpotje

Om de bladluizen tegen te gaan en niet geheel afhankelijk te zijn van lieveheersbeestjes, kun je een oorwurmennest maken. Oorwurmen eten veel bladluizen en vormen op hun beurt een voedingsbron voor vogels. Bind een bosje stro samen met een lang touw en steek het touwtje vervolgens door het gat van de bodem van een bloempot. Hang de bloempot ondersteboven aan een tak.

Hommelhuis

Aardhommels maken hun nest in de bodem en daar kun jij ze bij helpen.

- Neem twee plastic bloempotten, maak bij beide een gat in de bodem en steek er een stuk tuinslang in.
- Wind wat draad om een grote pluk nestmateriaal (bosje stro of hooi) en steek dit in de ene bloempot. Wat stenen tussen het stro en de wand van de bloempot houden het nestmateriaal droog.
- Zet nu de andere bloempot over het nestmateriaal heen en tape beide bloempotten aan elkaar. Je hebt nu een slang met in het midden een hommelhuis!
- Begraaf het huis op een beschutte en schaduwrijke plek, bijvoorbeeld langs de heg, en laat de uiteinden van de tuinslang boven de grond uitsteken.
- Leg hier een steen of een stuk dakpan overheen zodat het niet in kan regenen. Een spijker dwars door het midden van de tuinslang houdt de slakken buiten.

bijenkast

Insectenhotel

oorwurmenpotje

Insectenhuisjes

Solitaire bijen als metselbijen, behangersbijen en wolbijen leggen hun eitjes in een holle ruimte samen met wat voedsel en verzegelen de ingang. De jonge dieren bijten een jaar later het opgetrokken muurtje door en vliegen de vrijheid tegemoet. Boor in een houtblok gaten van verschillende doorsnede. Of bind een bundel rietstengels samen of vul een open kistje strak op met bamboestengels. Hang de insectenhuisjes in de zon.

Groot insecten- en kleinebeestenhotel

Je kunt ook een combinatie maken van de hierboven beschreven onderkomens. Een grote toren met insectenhuisjes voor solitaire bijen, bosjes stro en hooi voor oorwurmen en andere insecten, een bloempot die ondersteboven staat voor een hommelkolonie met onderin stenen en oude dakpannen voor padden om onder te schuilen. Een stapel stenen waar pissebedden en duizendpoten tussen kunnen leven, lekker donker en koel. Het is een blikvanger in je tuin en erg leuk om te maken!

honingbijen

vlinderkastje

Vogels

Boomklever

Broedt in oude spechtengaten en nestkastjes, eind april, 1-2 legsels van 6 tot 9 eieren.
Eet graag zaden, noten en insecten.
In de tuin bomen om te broeden en voor het zoeken naar insecten, vetbollen in de winter.

Ekster

Broedt in een loofboom, maart-mei, 5 tot 8 eieren.
Eet graag torren, kevers, regenwormen, brood en soms eieren en jonge vogels.
In de tuin komt graag brood halen op de voedertafel.

Gaai

Broedt in een loofboom, half april-mei, 5 tot 7 eieren.
Eet graag insecten, eieren van zangvogels, eikels, beukennootjes en fruit.
In de tuin 's winters te zien op de voedertafel.

Boomkruiper

Broedt in holtes achter boomschors, nestkastjes, achter klimop, april-juni, 2 legsels van 5 tot 6 eieren.
Eet graag insecten en insectenlarven.
In de tuin bomen.

boomklever

gierzwaluw

Grote bonte specht

Broedt in een zelfgehakte holte in een (berken)boom, april, 4 tot 7 eieren.
Eet graag insectenlarven die hij onder de boomschors vandaan plukt.
In de tuin in de winter te zien op de voedertafel en de rest van het jaar hakkend in bomen.

Gierzwaluw

Broedt in rotsholtes en onder daken. Mei-juni, 1 legsel van 2 tot 3 eieren.
Eet graag vliegende insecten.
In de tuin ruimte onder dakpannen of in spouwmuren om te broeden.

Groenling

Broedt in dicht struikgewas, april-augustus, 4 tot 5 eieren.
Eet graag zaden en bessen.
In de tuin etend van de rozenbottels.

Heggenmus

Broedt in dicht struikgewas of haag, eind april-augustus, 2 legsels van 4 tot 5 eieren.
Eet graag insecten en spinnen.
In de tuin rommelige tuin met struikgewas of een haag.

Houtduif

Broedt in een loofboom of op een andere hoge plek, maart-augustus, 3 legsels van 2 eieren.
Eet graag zaden, bessen, etensresten.
In de tuin komt af op voedertafel.

Huismus

Broedt in holtes in bomen, onder dakpannen, nestkasten, kieren in muren. Eind maart-augustus, 2-3 legsels, 4 tot 6 eieren.
Eet graag zaden, bloemknoppen, brood, pinda's, insecten, vetbollen. Eet op de grond.
In de tuin in bomen en struiken en onder de voedertafel.

Kauw

Broedt in holle bomen en spechtengaten, alsook in uilenkasten en schoorstenen, april-juni, 4 tot 6 eieren.
Eet graag insecten, zaden, menselijke etensresten (patat), bloemknoppen, aas.
In de tuin slaapt in het najaar en de winter in groepen in de bomen.

Koolmees

Broedt in boomholtes en in nestkastjes. Voorjaar, 1-2 legsels van 8 tot 13 eieren.
Eet graag insecten en larven in het voorjaar, zaden in de winter.
In de tuin op de voedertafel of hangend aan een pindanetje of vetbolletje.

huismus

Koperwiek

Broedt in bomen of dichter struiken. Mei-juli, 2 legsels van 4 tot 5 eieren.
Eet graag insecten, slakken en wormen; in de winter zaden en bessen.
In de tuin besdragende struiken, rottend fruit op de voedertafel.

Merel

Broedt in dichte struiken, klimop en andere lage begroeiing, eind maart-juli, 2-3 legsels van 4 tot 5 eieren.
Eet graag wormen, insecten en bodemdiertjes uit het gras. Fruit en bessen op de voedertafel.
In de tuin een stukje grasveld en voedsel op de voedertafel in de winter. Struikgewas om te broeden.

Pimpelmees

Broedt in boomholtes en nestkastjes. Eind maart-juli, 2-3 legsels van 8 tot 14 eieren.
Eet graag insecten, spinnen, nectar, zaden.
In de tuin nestkastjes en voldoende voedsel. Zaden in de winter, maar ook besdragende struiken en voldoende groen waar insecten op afkomen.

Ringmus

Broedt in natuurlijke boomholtes en nestkasten. eind april-juni, 2-3 legsels, 3 tot 5 eieren.
Eet graag zaden van (ongewenste) planten en insecten.
In de tuin in tuinen aan de rand van dorpen en bij boerderijen.

Staartmees

Broedt in een bolvormig nest in een boom. Eind maart-mei, 1 nest, 8 tot 12 eieren.
Eet graag insecten, rupsen; zaden in de winter.
In de tuin struikgewas en bomen om in te nestelen en insecten in te zoeken.

Roodborst

Broedt laag boven de grond in klimplanten, haag of muur. April-juli, 2 legsels van 5 tot 7 eieren.
Eet graag insecten, kleine bodemdieren als regenwormen, spinnen.
In de tuin op de grond of op lage takken.

Spreeuw

Broedt in boomholtes, nestkasten en in spleten/kieren van gebouwen, half april-juni, 1-2 legsels van 2 tot 8 eieren.
Eet graag insectenlarven en insecten, bessen en appels.
In de tuin voedsel op de voedertafel in de winter, nestkastje.

Turkse tortel

Broedt in coniferen of loofbomen begroeid met klimop, half februari-november, 2-5 legsels van 2 tot 3 eieren.
Eet graag graan, zaden van (ongewenste) planten, vruchten.
In de tuin weinig, de Turkse tortel weet altijd wel voedsel te vinden.

staartmees

Vink

Broedt in struikgewas, april-juli, 2 legsels van 3 eieren.
Eet graag zaden, insecten, noten, bloem- en bladknoppen.
In de tuin onder de voedertafel.

Winterkoning

Broedt in struikgewas of tussen houtstapels. Half april-juli, 2 legsels van 5 tot 7 eieren.
Eet graag kleine insecten en spinnetjes, larven en rupsen; zaden in de winter.
In de tuin plekken om rustig te kunnen broeden vlak boven de grond.

Witte kwikstaart

Broedt in (natuurlijke) holtes. April-augustus, 1-2 legsels van 3 tot 7 eieren.
Eet graag kleine ongewervelden.
In de tuin open grond (border) om voedsel in te zoeken.

Zanglijster

Broedt in een dichte struik of boom, eind maart-juli, 1-2 legsels van 3 tot 6 eieren.
Eet graag slakken (maakt slakkensmidse), insecten, wormen; fruit en bessen in de winter.
In de tuin grasveld en struikgewas, voedertafel in de winter.

witte kwikstaart

Vlinders & waardplanten

Als je vlinders in de tuin wilt krijgen, moet je zorgen voor zonnige plekjes waar ze zich kunnen opwarmen, voldoende nectarplanten en voldoende waardplanten voor de rupsen.

Nectarplanten voor vlinders

beemdkroon

hemelsleutel

herfstaster

kaasjeskruid

kale jonker

klaver

koninginnenkruid

lavendel

phlox

ridderspoor

rode zonnehoed

vlinderstruik

wilde marjolein

ijzerhard

zwart knoopkruid

vlinderstruik

Atalanta

De atalanta is een trekvlinder. De vlinders trekken naar Zuid-Europa en in het nieuwe jaar komen ze naar Nederland om zich voort te planten.
Waardplant grote en kleine brandnetel.
Rupsen mei-november. De rupsen maken een nestje van samengesponnen bladeren.
Vliegperiode april-november. In het najaar worden ze veel langs de kust gezien, op weg naar het zuiden.
Overwintering incidenteel als vlinder in Nederland.

Bont zandoogje

Het bont zandoogje vliegt in drie generaties. De mannetjes van het bont zandoogje gedragen zich territoriaal; ze verdedigen 'hun' stuk van de tuin.
Waardplant grassen zoals kweek, witbol en kropaar.
Rupsen half mei-half september.
Vliegperiode eind maart-eind oktober.
Overwintering als pop, tenzij de rups na half augustus pas uit het ei komt, dan overwintert hij als rups.

kleine brandnetel

kropaar

klimop

Bruin zandoogje

Het bruin zandoogje houdt vooral van wat ruiger groen: hagen, struweel, slootkanten, ruige graslanden.
Waardplant grassen, zoals Engels raaigras, rood zwenkgras, grote vossenstaart, kropaar.
Rupsen half mei – half september
Vliegtijd: begin juni-eind augustus.
Overwintering als halfvolgroeide rups in een graspol. Bij zacht weer kun je ze weleens zien foerageren.

Boomblauwtje

Het boomblauwtje vliegt in twee of drie generaties.
Waardplant klimop, grote kattenstaart, hulst, vlinderstuik en sporkehout (vuilboom).
Rupsen half mei-eind juni en begin augustus-eind september.
Vliegperiode eind maart-begin juni en half juni-begin oktober.
Overwintering als pop in de strooisellaag op de bodem.

grote vossenstaart

Citroenvlinder

De citroenvlinder is een van de vroegste vlinders die zich laat zien in het voorjaar.
Waardplant sporkehout en wegedoorn, vooral de jongere struiken.
Rupsen half april-eind juni.
Vliegperiode begin februari-begin juni en eind juni-begin oktober.
Overwintering als vlinder in struikgewas.

Dagpauwoog

De dagpauwoog vliegt, overwintert en vliegt in de lente weer, in één generatie.
Waardplant grote brandnetel.
Rupsen eind april-half juli en de maand september. Jonge rupsen leven in groepen in spinselnesten, grote rupsen leven alleen.
Vliegperiode eind juni-oktober en begin maart-eind mei.
Overwintering als vlinder in een boom of gebouw (koel en vochtig).

grote brandnetel

Gehakkelde aurelia

De vlinders vliegen in twee generaties. Ze leven van nectar, maar drinken ook uit plassen of mest. `Waardplant` brandnetel, hop, wilg en iep. `Rupsen` begin mei-oktober. De rupsen lijken net een vogelpoepje op het blad. `Vliegperiode` maart-oktober. In het najaar zie je ze vaak op rottend fruit. `Overwintering` als vlinder in een holle boom of tussen afgevallen bladeren.

hop

Icarusblauwtje

Het icarusblauwtje vliegt in twee generaties. Ze slapen bij elkaar. 's Nachts hangen de vlinders in groepjes in de vegetatie, met hun kopjes naar beneden. `Waardplant` vlinderbloemigen, zoals kleine klaver, rolklaver en hopklaver. `Rupsen` vrijwel het hele jaar door. `Vliegperiode` begin mei-begin oktober. `Overwintering` als rups in de strooisellaag of tegen een stengel van de waardplant.

rolklaver

Klein koolwitje

Het klein koolwitje heeft per jaar drie generaties. In heel warme jaren zelfs vier. `Waardplant` wilde kruisbloemigen en moestuinplanten zoals koolplanten. `Rupsen` eind mei-half juli en half augustus-begin oktober. `Vliegperiode` begin april-begin juni, half juni-begin september en half juli-half oktober. `Overwintering` als pop hangend onder een (natuurlijk of kunstmatig) dakje.

koolzaad

grote brandnetel

Kleine vos

De kleine vos vliegt in twee generaties. Het mannetje van de kleine vos is territoriaal; vooral tijdens het middaguur bezet hij zijn eigen gebiedje. `Waardplant` grote brandnetel. `Rupsen` begin mei-eind september. Jonge rupsen leven in een nest van spinsel op de waardplant. `Vliegperiode` februari-oktober. `Overwintering` als vlinder, op een koele en droge plaats (gebouw of boom).

Kleine vuurvlinder

De kleine vuurvlinder vliegt in drie generaties. Deze vlinder is vooral te zien in de wat grotere tuinen, op droge en schrale stukken.
Waardplant schapenzuring en veldzuring.
Rupsen eind mei-begin juli en half augustus-half mei, aan de onderkant van een blad.
Vliegperiode eind april-half juni en eind juni-eind oktober.
Overwintering als halfvolgroeide rups in de strooisellaag op de bodem.

fluitenkruid

Koninginnenpage

De koninginnenpage vliegt in twee generaties. Het is de grootste dagvlinder van Nederland. Je kunt hem overal zien, maar de grootste populatie leeft in Limburg.
Waardplant vooral peen (en daarom veel te zien in de moestuin), schermbloemigen.
Rupsen half mei-half juni en half augustus-eind september. Bij gevaar steekt de rups een vorkvormig rood orgaan uit dat een stank verspreidt.
Vliegperiode eind april-half juni en begin juli-half september.
Overwintering als pop, in de kruidlaag.

veldzuring

Landkaartje

Het landkaartje vliegt in twee generaties, waarbij de kleur verschilt tussen de zomer- en de voorjaarsvlinders. De mannetjes verdedigen hun territorium en maken patrouillevluchten.
Waardplant grote brandnetel.
Rupsen de eitjes zijn opvallend: als een kleine groene ketting hangen ze onder aan de blaadjes. Eind mei-begin juli en begin augustus-half september zijn de rupsen actief.
Vliegperiode half april-eind mei en begin juli-half september.
Overwintering als pop, hangend aan een stengel vlak bij de grond.

look-zonder-look

Oranjetipje

Deze vlinder is het meeste in het oosten van Nederland te zien.
Waardplant look-zonder-look en pinksterbloem.
Rupsen half mei-half juni. Eerst eten ze de bloemen van de waardplant, daarna de vruchten.
Vliegperiode half april-eind mei. Hoogtepunt ligt rond Koninginnedag!
Overwintering als pop.

grote brandnetel

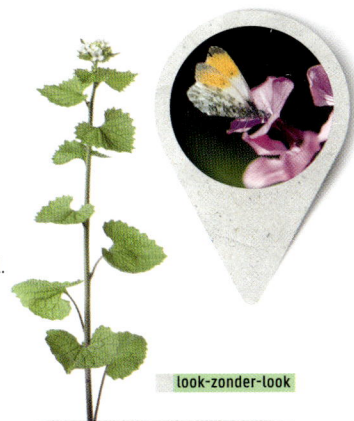

Nachtvlinders

Er zijn in Nederland 2400 soorten nachtvlinders.1480 daarvan zijn heel klein, en horen bij de zogenoemde kleine vlinders (*microlepidoptera* of *micro's*) De rest hoort bij de grote nachtvlinders of de *macro's*. Van alle nachtvlinders vliegen ongeveer 100 soorten overdag, de dagactieve nachtvlinders. Veel soorten rusten overdag op een muur of boom. Vooral 's ochtends vroeg kun je ze daar vinden. Ook als je zachtjes aan vegetatie schudt, komen er soms nachtvlinders tevoorschijn.

Nachtvlinders forageren 's nachts op bloeiende bloemen, rottend fruit, vochtige grond en uitwerpselen. Ook rupsen zijn in het donker te vinden op de waardplant, want ze zijn dan niet zichtbaar voor vogels. Rupsen van nachtvlinders eten allerlei planten, van klimplanten tot grassen en bomen.

Agaatvlinder

Tijdens de rust heeft de vlinder zijn vleugels opvallend gevouwen, waardoor hij op een dood blad lijkt. Overdag kun je ze open en bloot op muren zien rusten, wat ze kunnen doen door hun schutkleur. **Waardplanten** hop, spoorbloem, braam, hazelaar, berk en eik.

Gamma-uil

In rust houdt de gamma-uil de vleugels als een dakje omhoog. Op het borststuk steekt een typische kuif omhoog. Op de voorvleugel zit een zilverkleurige Y-vormige vlek. Ze zijn zowel overdag als 's nachts actief en ze bezoeken vaak bloemen. Ze komen minder goed af op smeersel (zie pagina 25). **In de tuin** geurige bloemen.

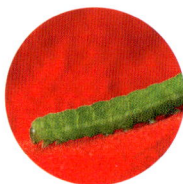

Groot avondrood

Grote pijlstaart, olijfkleurig met rozerode lijnen en vlekken. Op warme namiddagen komt de rups tevoorschijn om op een stengel te rusten. Rupsen die klaar zijn om te verpoppen vallen op door hun kenmerkende oogvlekken. **Waardplanten** de rups wordt vaak gezien in de tuin op kattenstaart, waterdrieblad en fuchsia.

rupsen van nachtvlinders   ❶   ❷   ❸

Huismoeder

Lange, afgeronde voorvleugel. Variabele kleur, voornamelijk bruintinten. De huismoeder vliegt van begin mei tot eind oktober. **In de tuin** de huismoeder verstopt zich overdag in de vegetatie, waar hij makkelijk kan worden opgeschrikt.

Kolibrievlinder

De kolibrievlinder valt op door zijn opvallende manier van nectar drinken: vliegend. Vandaar de naam. In de vlucht valt de oranjebruine kleur van de achtervleugel op. Hoewel de vlinders bijna het hele jaar vliegen worden ze het meest waargenomen in augustus en september. De kolibrievlinder vliegt overdag. **In de tuin** geurige bloemen die later op de dag opengaan, zoals kamperfoelie.

Ligusterpijlstaart

Een grote vlinder van 41-55 mm lang. Het lijf en de achtervleugels zijn lichtroze met zwarte banden. De vlinders zijn 's nachts actief en komen af op licht. De vlinder vliegt van half mei tot begin september. **Waardplanten** liguster, sering, Gelderse roos, vlier, sneeuwbes.

Kleine wintervlinder

Kleine vlinder, van 13-16 mm. De vlinder vliegt opvallend laat in het jaar, van begin oktober tot december. Ze hebben een vale licht- tot donkerbruine kleur en leven in gebieden met veel bomen en struiken. Ook in stedelijk gebied komen ze voor. De vlinders komen af op licht. **Waardplanten** allerlei loofbomen en verschillende soorten struiken.

Muntvlinder

Een klein vlindertje, 14-19 mm lang. Bruine vleugels met een opvallende oranjegele vlek aan de buitenzijde van de voorvleugels. **Waardplanten** kruidachtige planten zoals brandnetel en sint-janskruid en loofbomen zoals wilg en hazelaar.

Libellen

Om libellen in je tuin te krijgen is – voor de meeste soorten – een (mini)vijver een belangrijke voorwaarde. Hoe groter de vijver, hoe meer soorten op bezoek zullen komen. Zorg voor planten boven en onder water en zonnige plekjes. Libellen eten insecten en de larven eten kleine waterdiertjes. Doe geen vissen in de vijver, die eten de libellenlarven op.

Blauwe glazenmaker

Deze libel leeft veel bij tuinvijvers en vliegt laag boven de grond door de tuin. De eerste exemplaren kun je in juli zien vliegen. De blauwe glazenmakers patrouilleren op plekken met veel halfschaduw en komen daarbij ook dicht in de buurt van mensen. Hij komt ook vaak per ongeluk een huis binnen of wordt gepakt door een kat. **Vliegtijd** eind mei-eind oktober.

Houtpantserjuffer

De houtpantserjuffer zet haar eitjes af in de schors van bomen, bijvoorbeeld elzen die langs het water staan. Daarvoor maakt ze een klein sneetje in de bast waar ze het eitje onder legt. De larven die eruit komen, vallen in het water en ontwikkelen zich daar verder **Vliegtijd** begin juli-november.

Lantaarntje

Het lantaarntje heeft een herkenbaar, lichtgekleurd segment op zijn verder donkere lijf, wat een lampion of lantaarntje wordt genoemd. De kleur varieert van blauw, paars of donkerbruin tot oranje. Het lantaarntje is ongeveer 35 mm lang. Het is de meest algemene juffer van Nederland. **Vliegtijd** april-oktober.

blauwe glazenmaker

Vuurjuffer

De naam verraadt zijn kleur: knalrood.
De eitjes worden afgezet terwijl het
paar in tandem vliegt.
Met zo'n 33-38 mm een grote juffer.
Vliegtijd vaak als eerste te zien
in het voorjaar, begin april.

Platbuik

De platbuik is makkelijker te bekijken
dan andere grote libellen omdat
hij regelmatig even stil gaat zitten.
De mannetjes zijn overwegend
blauw, terwijl de vrouwtjes gelig
zijn. De platbuik heeft een breed
achterlijf en bij de basis van de
vleugels een grote zwarte vlek.
Vliegtijd eind april-begin september.

Paardenbijter

De paardenbijter jaagt graag langs
een bosrand, ter hoogte van de
boomkruinen. Ze zijn laat op de dag
actief, tot in de schemering. Het zijn
grote libellen en ze vliegen vaak in
groepjes bij elkaar.
Vliegtijd juli-november.

Viervlek

De viervlek is te herkennen aan de
typische zwarte vlekken midden
aan de rand van de vleugels. Het
vrouwtje legt haar eitjes in stilstaande
wateren met veel waterplanten.
Vliegtijd begin mei-juli.

Insecten & andere kleine (bodem-)dieren

Duizendpoot

Te zien onder stenen, bloempotten en deurmatten.
Waarom belangrijk dit nachtdier eet plantenetende insecten zoals slakken en wormen. Kikkers en padden lusten op hun beurt weer graag duizendpoten.
In de tuin donkere, vochtige plekjes.

Grote groene sabelsprinkhaan

Te zien hij is moeilijk te vinden vanwege zijn groene schutkleur, maar door zijn minutenlange geratel weet je dat hij er zit.
Waarom belangrijk de grote groene sabelsprinkhaan eet kleinere sprinkhanen en wordt zelf door vogels gegeten.
In de tuin beplanting om tussen te schuilen en te jagen. Het vrouwtje legt de eitjes in de bodem.

Kruisspin

Te zien herkenbaar aan het witte kruis op zijn achterlijf. Hij maakt grote, wielvormige webben die vooral in nazomer en herfst te zien zijn tussen de planten; soms zit hij in het midden ervan, soms verschuilt hij zich tussen de planten en is met een signaaldraad aan het web verbonden.
Waarom belangrijk de kruisspin vangt insecten en is zelf ook belangrijk voedsel voor vogels.
In de tuin planten.

Oorwurm

Te zien vanaf mei tot einde van de herfst, tussen planten, onder schors en onder bladeren.
Waarom belangrijk oorwurmen eten luizen, aas, eieren van andere insecten en plantenresten.
In de tuin nestgelegenheid, bijvoorbeeld een oorwurmenpotje (zie pagina 90-91).

schuimbeestje

kruisspin

Pissebed

Te zien onder bloempotten, deurmatten, stenen en bladeren. **Waarom belangrijk** de pissebed eet kleine diertjes als mijten en springstaarten en wordt zelf weer door grotere dieren als mollen, egels en vogels gegeten. **In de tuin** vochtige, donkere plekjes.

Regenworm

Te zien in de bodem, onder het oppervlak. Bij droger weer kruipen ze dieper de grond in. **Waarom belangrijk** de regenworm houdt met zijn gegraaf de bodem luchtig. **In de tuin** vochtige grond, in droge zandgrond kunnen regenwormen niet leven.

Schuimbeestje

Te zien als larve maakt dit diertje schuim door zeepstoffen toe te voegen aan zijn uitwerpselen. In mei zijn de schuimbellen te zien op de planten; de larven verschuilen zich hierin voor hun vijanden. Volwassen schuimbeestjes leven van juni tot september op grassen, bomen en kruiden en springen weg als er gevaar dreigt. **Waarom belangrijk** schuimbeestjes vormen belangrijk voedsel voor grotere insecten en vogels. **In de tuin** voldoende planten.

Wegmier

Te zien in elke tuin. Ze maken een nest in het zand onder tegels en in boomstronken en op de eerste warme zomerdag vliegen ze uit, de nieuwe koninginnen maken dan hun bruidsvlucht. **Waarom belangrijk** de wegmier eet kleine beestjes en 'melkt' bladluizen om de suikerrijke luizenmelk te verzamelen. **In de tuin** een flinke zandlaag onder de tegels.

Zevenstippelig lieveheersbeestje

Te zien in het voorjaar als oranjezwartgestreepte larve, iets later als volwassen exemplaar. **Waarom belangrijk** lieveheersbeestjes eten vooral luizen, wat de planten in je tuin zeer ten goede komt. **In de tuin** plekken om eitjes af te zetten en te schuilen (beplanting).

Bijen & hommels

Bijen en hommels hebben voldoende nectar en stuifmeel nodig. Hiermee voeden ze zichzelf en hun jongen. Daarnaast hebben ze holtes nodig om hun nest te maken of kleine gaatjes om hun eitjes in te leggen. Solitaire bijen voeden hun jongen met larven en kleine insecten.

Nectarplanten voor bijen

gewone brunel

damastbloem

dopheide

ezelsoor

guldenroede

knoopkruid

langbladige ereprijs

marjolein

ruigklokje

wilde tijm

Gewone aardhommel

Herkenbaar aan wit achterlijf en bruingele band over borststuk. Grootte: 22-28 mm.
Vliegt van februari tot oktober.
In de tuin nestelt in holtes onder de grond of onder dakpannen.

Honingbij

Herkenbaar aan bruingestreept achterlijf, beharing op borststuk en bovenzijde van kop.
Vliegt van het voorjaar tot het najaar. In de zomer bij mooi weer kan een kolonie gaan zwermen, hij splitst dan op in meerdere nieuwe kolonies.
In de tuin bijen zijn onmisbaar voor de bestuiving van planten. Omgekeerd zijn onze tuinen van belang voor de voedselvoorziening van de bijen.

Sociale wesp

Herkenbaar aan felgele banden over donker lichaam, komt vanaf augustus af op zoetigheid.
Vliegt vanaf het voorjaar, maar aan het eind van de zomer zie je ze steeds vaker bij mensen in de buurt.
In de tuin nestelt in holen, schuren, verlaten muizennesten en spouwmuren.

sociale wesp

Steenhommel

Herkenbaar aan helderrode punt op achterlijf. Een grote hommel, 22-26 mm.
Vliegt van midden maart tot oktober.
In de tuin nestelt onder stenen of boomstronken.

Solitaire bij

Er bestaan meer dan 300 soorten solitaire bijen.
Vliegt de hele lente en zomer.
In de tuin nestelt in kleine holtes (insectenhotel, zie pagina 90-91), in zand, rietstengels of hout. Waar is afhankelijk van de soort.

Zweefvlieg

Herkenbaar aan gelijkenis met wesp, bij of hommel, maar dan veel kleiner. Je kunt ze onderscheiden doordat ze maar twee vleugels hebben.
Vliegt van voorjaar tot najaar, afhankelijk van de soort.
In de tuin larven leven in een oud wespennest, op planten of in het water.

solitaire bij

Amfibieën & reptielen

Bruine kikker

Variabel gekleurde kikker met vlekken op de rug, middelgroot en stevig. Komt algemeen voor. **In de tuin** ondiepe oever in de zon voor de eitjes, rommelhoekjes en bosjes op het land.

Gewone pad

Grote pad, grijs-, geel-, of roodbruin met oranje ogen. Meest voorkomende pad van Nederland. **In de tuin** vijver met waterplanten voor de eiafzet en schuilplaats voor de larven. Op het land rommelhoekjes en struiken.

Kleine watersalamander

Meest algemene salamander van Nederland. **In de tuin** ondiep stilstaand of zwakstromend water, deels in de zon, met onderwatervegetatie.

Ringslang

Komt vooral voor ten noorden van de grote rivieren. Kan gezien worden in dorpen en stadsranden. **In de tuin** een mestvaalt of broedhoop om de eitjes in af te zetten. De ringslang is zelf watergebonden en verplaatst zich het liefst zwemmend. De ringslang is niet giftig.

kleine watersalamander

Zoogdieren

Bosmuis

De bosmuis komt overal in Nederland voor, zowel in bossen als in parken en tuinen. Hij maakt zacht piepende geluiden, maar als hij schrikt slaakt hij een hoge gil. De bosmuis is vooral 's nachts actief en eet zowel plantaardig als dierlijk voedsel: zaden, noten, paddenstoelen, spinnen, rupsen en slakken. Hij graaft een hol met een gangenstelsel onder de grond. Aan het einde van de winter zie je soms afvalresten van de wintervoorraad – zoals lege noten – naast het hol liggen die de bosmuis naar buiten heeft gewerkt.
In de tuin voldoende beschutting zoals lage begroeiing of groepjes stenen om tussen te kruipen.

Eekhoorn

De eekhoorn komt vooral in het midden en oosten van Nederland voor, in bosrijke gebieden. Vind je een gewonde of zieke eekhoorn? Neem dan contact op met www.eekhoornopvang.nl.
In de tuin aansluiting op bomen in de buurt; eik, beuk en hazelaar zijn favoriet. Nestkastjes en een voedersilo worden gewaardeerd.

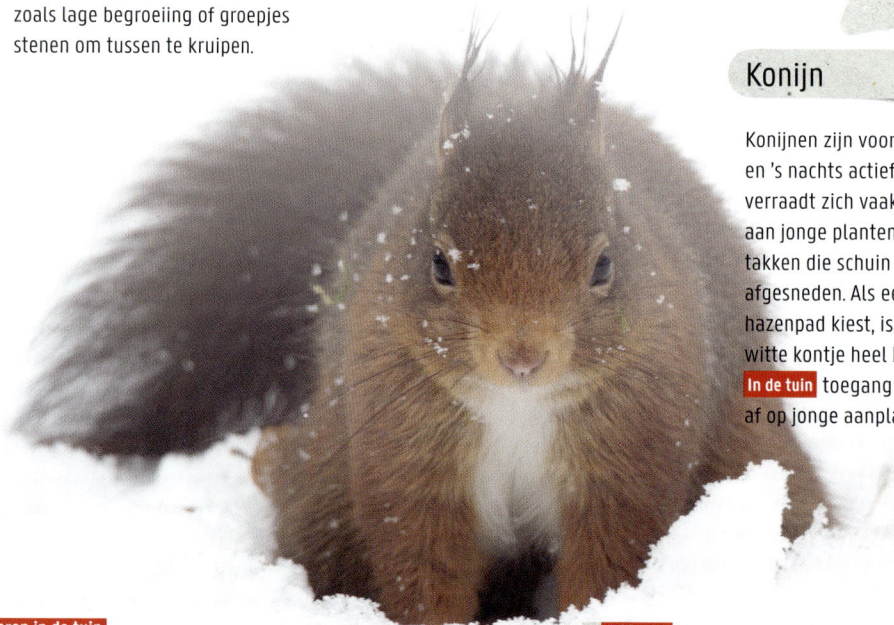

Egel

Egels komen verspreid door heel Nederland voor en verblijven graag in tuinen. De egel gebruikt tuinen als leefgebied om te jagen op insecten en slakken, om te slapen onder een hoop bladeren of zelfs om er jongen te krijgen en te overwinteren. Vind je een gewonde of zieke egel? Neem dan contact op met www.egelopvang.nl.
In de tuin rommelhoekjes, toegang tot de tuin, een egelhuis.

Konijn

Konijnen zijn vooral in de schemering en 's nachts actief. Hun aanwezigheid verraadt zich vaak door de vraatsporen aan jonge planten: stengels en takken die schuin en scherp zijn afgesneden. Als een konijn het hazenpad kiest, is zijn opwippende witte kontje heel herkenbaar.
In de tuin toegang tot de tuin. Ze komen af op jonge aanplant en de groentetuin.

eekhoorn

Mol

De mol is berucht om zijn ongewenste molshopen, vaak in een keurig gazon en daarom zien de meeste tuinders hem niet graag komen. De mol is echter een nuttige insecteneter, al vormen regenwormen het grootste deel van zijn menu. Hij kan wel 12-15 m gang per uur graven! Als je een mol in je tuin hebt, is er sprake van een gezonde, levende bodem. **In de tuin** mollen komen overal in Nederland voor waar de bodem niet te zanderig, te nat of te stenig is.

Ree

Reeën komen in bijna heel Nederland voor. Als je tuin grenst aan een rustig (bosrijk) gebied, dan kun je in de vroege ochtend zomaar oog in oog staan met een ree. Reeën zijn echter schuw. Meestal merk je hun aanwezigheid op door hoefafdrukken, vraatsporen aan gewassen en veegsporen op de bomen. **In de tuin** als die grenst aan rustig (bosrijk) gebied.

Vleermuis

Vleermuizen zijn veel te zien in de omgeving van mensen. Ze zijn vooral in de schemering actief. Vleermuizen gebruiken huizen en holle bomen als verblijf- en kraamplaats en jagen graag in de kruinen van boomtoppen of boven water. **In de tuin** vijver, beschutting, vleermuiskast.

Vos

Vossen zijn opportunistische dieren, die niet terugschrikken voor een uitstapje naar een mensentuin. Ze leven veelal in het buitengebied en langs stadsranden, en zullen de tuin vooral gebruiken om er voedsel te vinden. Als je kippen houdt, kun je die het beste ophokken voor de nacht: 's nachts zijn vossen het meest actief.

ree

Bomen

Bomen en planten

Deze overzichten bevatten slechts een selectie van bomen en planten. Er zijn veel meer soorten geschikt voor de tuin, vraag hiernaar bij tuincentrum of hovenier.

Paardenkastanje

Bloei juni-juli met grote kegels, daarna volgen de vruchten met een stekelig omhulsel.
Standplaats zon of halfschaduw, klei- of leemhoudende grond. Geschikt voor middelgrote en grote tuinen.
Functie voor dieren insecten komen af op de bloemen, de vruchten worden door kleine zoogdieren gegeten.

Zoete kers

Bloei april-mei met witte of roze bloemen, daarna volgen de kersen.
Standplaats vochtige voedselrijke grond.
Functie voor dieren de bloemen zijn belangrijke nectar- en stuifmeelbronnen voor insecten, de kersen worden door vogels gegeten.

Krentenboom

Bloei in april-mei met witte bloemtrossen.
Standplaats lichtzure bodem, droog tot nat. Zon en halfschaduw. Hoe meer zon, hoe meer vruchten.
Functie voor dieren trekt bijen aan door bloemen, de vruchten worden door vogels (en mensen) gegeten.

kersenboom

wilg

Vuilboom

Bloei april-juli met witte bloemen.
Later vormen zich rode vruchten
die daarna zwart kleuren.
Standplaats zure bodem.
Functie voor dieren waardplant voor
citroenvlinder en boomblauwtje
en een belangrijke drachtplant
voor bijen, een plant waar veel
stuifmeel kan worden verzameld.

Katwilg

Bloei in het voorjaar met
zilvergrijze katjes.
Standplaats vochtige
bodem en veel licht.
Functie voor dieren leveren veel stuifmeel
voor met name solitaire bijen.

Ruwe berk

Bloei in de winter en het vroege
voorjaar met hangende gele katjes.
Standplaats grote tuin, geen voorkeur
voor grondsoort, past overal.
Functie voor dieren de bloeiende
katjes zijn een vroege stuifmeel-
en nectarbron voor bijen en
vlinders, spechten zoeken
insecten onder de bast.

Zomereik

Bloei mei.
Standplaats zon en halfschaduw
en vrijwel elke grondsoort.
Heeft veel ruimte nodig.
Functie voor dieren geliefd bij
vogels, insecten en zoogdieren
voor de bloesem en de eikels.

Hagen

Beukenhaag

Bloei april-mei.
Vruchten beukennootjes in het najaar.
Groeiomstandigheden kan in zon en halfschaduw, heeft ruimte nodig om te groeien.
Functie voor dieren merels en zanglijsters broeden erin, mussen gebruiken het als schuilplaats. De haag is ondoordringbaar voor vijanden.

laurierkers

Gewone liguster

Bloei in juni/juli met witte, sterk geurende bloemen.
Vruchten zwarte bessen in het najaar.
Groeiomstandigheden de ligusterhaag is veelzijdig, groeit in zowel zon als schaduw en op elke bodemsoort.
Functie voor dieren broedplaatsen voor vogels en voedsel in de vorm van bessen. Voor de mens zijn deze bessen giftig!

Laurierkers

Bloei bij weinig snoei bloeit de laurierkers met grote, witte, geurende trossen, vanaf april.
Vruchten zwarte bessen na de bloei.
Groeiomstandigheden beetje vochtige bodem, verder geen bijzondere wensen. Past zich overal aan.
Functie voor dieren de bessen worden door vogels gegeten.

Gelderse roos

Bloei mei-juni met witte bloemen, 'sneeuwballen'.
Vruchten rode vruchten. Vogels vinden ze niet erg lekker.
Groeiomstandigheden vochtige, voedselrijke grond, zon en (met mate) halfschaduw.
Functie voor dieren insecten komen af op de bloemen.

Meidoorn

Bloei in het voorjaar met witte of roze bloemen.
Vruchten vanaf september tot diep in de winter rode bessen.
Groeiomstandigheden matig droge tot vochtige kalkhoudende grond, zon of halfschaduw.
Functie voor dieren de doornen bieden bescherming.

Klim- & leiplanten

Blauwe regen

Bloei in mei met witte, blauwe of roze bloemen, afhankelijk van de ondersoort.
Standplaats licht humusrijke grond, voldoende vochtig en in de zon. Een makkelijke plant. Hechting: heeft steun nodig van een pergola of van steunpunten op een muur of schutting.
Functie voor dieren aantrekkelijk voor insecten. De blauwe regen is giftig voor mensen.

Bruidssluier

Bloei einde van de zomer met witte bloemen.
Standplaats volle zon of halfschaduw, elke grondsoort. Hechting: heeft steunpunten nodig en groeit dan heel snel. Kan in één groeiseizoen een hele schutting bedekken.
Functie voor dieren nectar voor insecten en schuilplaats voor vogels.

Clematis (bosrank)

Bloei voorjaar of najaar, afhankelijk van de soort, met weelderige bloemen in wit, roze en vele andere kleuren.
Standplaats op rijke grond in de zon. Hechting: aan een klimrek of gespannen draden tegen de muur.
Functie voor dieren bloemen trekken veel insecten aan.

blauwe regen

klimop

Kamperfoelie

Bloei bloeit lang en met geurende bloemen. Bloemen gaan laat op de dag open.
Standplaats niet kieskeurig, halfschaduw of schaduw. Hoe donkerder, hoe minder bloemen. Vochtige, humusrijke grond. Hechting: klimt langs hekken, pergola's en schuttingen. Heeft bij muren geleiding nodig.
Functie voor dieren nectar. Zeer geliefd bij nachtvlinders vanwege de laat op de dag opengaande bloemen.

Klimop

Bloei in de herfst met geelgroene bloemen. Afhankelijk van de cultivar zwarte bessen in het voorjaar.
Standplaats vochtige, voedselrijke grond. Hechting: hecht zichzelf met zuignapjes. Groeit graag langs muren, schuttingen.
Functie voor dieren waardplant van het boomblauwtje, vogels broeden in de voor vijanden ondoordringbare takken.

Passiebloem

Bloei in de zomer, afhankelijk van de soort, komt voor in verschillende kleurvariëteiten.
Standplaats zon of halfschaduw. Planten in pot met potgrond vermengd met klei of leem. Niet winterhard, binnen laten overwinteren. Hechting: aan klimconstructie, bijvoorbeeld pergola.
Functie voor dieren nectar voor insecten.

Wilde wingerd

Bloei in de zomer met groengele bloemen, gevolgd door blauwzwarte bessen (giftig voor mensen).
Standplaats geen bodemvoorkeur, groeit in zon en schaduw. Hechting: zelfhechtend met zuignapjes.
Functie voor dieren nectar voor insecten, bessen en nestgelegenheid voor vogels.

Struiken

Braam

Bloei eind mei tot september met witte bloemen. Vanaf augustus zoete zwartrode vruchten.
Doorns ja, op de stengels.
Standplaats in de zon, langs muren of bosranden. Zowel op voedselarme als voedselrijke grond. Een braam kan erg gaan woekeren, het is belangrijk om hem te leiden en een beetje in toom te houden door voldoende te snoeien en leiden.
Functie voor dieren insecten als bijen en hommels komen af op het stuifmeel. De vruchten worden door vogels gegeten.

vlinderstruik met distelvlinder

Hondsroos

Bloei juni en juli met witte of roze bloemen. Na de bloei komen de rozenbottels.
Doorns ja, op de takken.
Standplaats voedselrijke, niet te zure bodem. Niet te donker.
Functie voor dieren de bloemen leveren stuifmeel, de rozenbottels worden door vogels gegeten.

Sleedoorn

Bloei begin maart met witte bloemen. In het najaar blauwe bessen.
Doorns ja, op de kleinere takken.
Standplaats in de zon en op droge, kalkrijke bodem. Geschikt voor grotere tuinen.
Functie voor dieren vogels broeden er en eten graag de bessen.

Gele kornoelje

Bloei begin februari tot april met kleine gele bloemen. Na de bloei vormen zich kleine groene steenvruchtjes die in de herfst, als ze rijp zijn, rood kleuren.
Doorns nee.
Standplaats liefst op kalkrijke bodem, verder geen eisen. Hij kan groot worden, maar is ook op stam te koop in een pot voor een kleine tuin of balkon.
Functie voor dieren stuifmeel voor insecten, vruchten voor vogels.

Vlinderstruik (buddleja)

Bloei vanaf juni met royale trossen bloemen. Kleur afhankelijk van de ondersoort.
Doorns nee.
Standplaats zon of halfschaduw, meer vlinders als struik in de zon staat. Goede doorlatende grond met veel organisch materiaal. Niet te nat. Kan in grote en kleine tuinen groeien, goed terugsnoeien in de winter.
Functie voor dieren *what's in a name?* Vlinders, hommels en bijen drinken de nectar.

Vuurdoorn

Bloei mei-juni met crèmewitte bloemen. Na de bloei ontwikkelen zich oranje besjes.
Doorns ja, op de takken.
Standplaats voedzame, humusrijke grond. Kan langs een muur of schutting worden geleid. Geschikt voor wat grotere tuinen.
Functie voor dieren insecten bezoeken de bloemen voor stuifmeel, merel en spreeuw eten de vruchten graag.

Vaste planten

Beemdkroon

Bloei vanaf juni tot in de herfst met bolvormige lila bloemen.
Standplaats vochtige, kalkhoudende grond. Zon of halfschaduw.
Functie voor dieren de bloemen bevatten veel nectar en zijn belangrijk voor hommels, bijen en vlinders.

Damastbloem

Bloei van mei tot juli met paarse of lila bloemen.
Standplaats bloeit onder heggen, in ruigte, langs akkerranden en hellingen. Groeit in halfschaduw.
Functie voor dieren waardplant van verschillende vlinders, waaronder het oranjetipje.

Langbladige ereprijs

Bloei april tot en met juni met helderblauwe bloemen.
Standplaats matig voedselrijke, vochtige graslanden en gazons, in de zon.
Functie voor dieren veel nectar, geliefd bij hommels, bijen, kevers en vlinders.

beemdkroon

Gewone rolklaver

Bloei mei-september met gele tot oranje bloemen.
Standplaats matig voedselrijke grond, graslanden.
Functie voor dieren waardplant voor onder andere de sint-jansvlinder en het icarusblauwtje. Drachtplant voor diverse solitaire bijen.

Hemelsleutel

Bloei juli-september met paars-rode bloemen in dichte tuilen: een samengestelde bloeiwijze waarbij de buitenste bloemstelen langer zijn dan de middelste, zodat alle bloemen ongeveer op dezelfde hoogte in een scherm groeien.
Standplaats vochtige, voedselrijke grond, in de zon.
Functie voor dieren geliefd bij hommels, bijen en vlinders.

Herfstaster

Bloei september tot oktober met lichtpaarse of roze bloemen.
Standplaats vochtige luchtige grond, in zon of halfschaduw.
Functie voor dieren nectar voor de laatste vliegende hommels, bijen en vlinders.

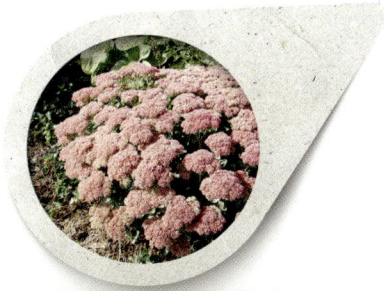

Koninginnenkruid

Bloei eind zomer-herfst met trossen roze-paarse bloemen.
Standplaats vochtige grond in de zon of halfschaduw.
Functie voor dieren nectar, vooral voor bijen.

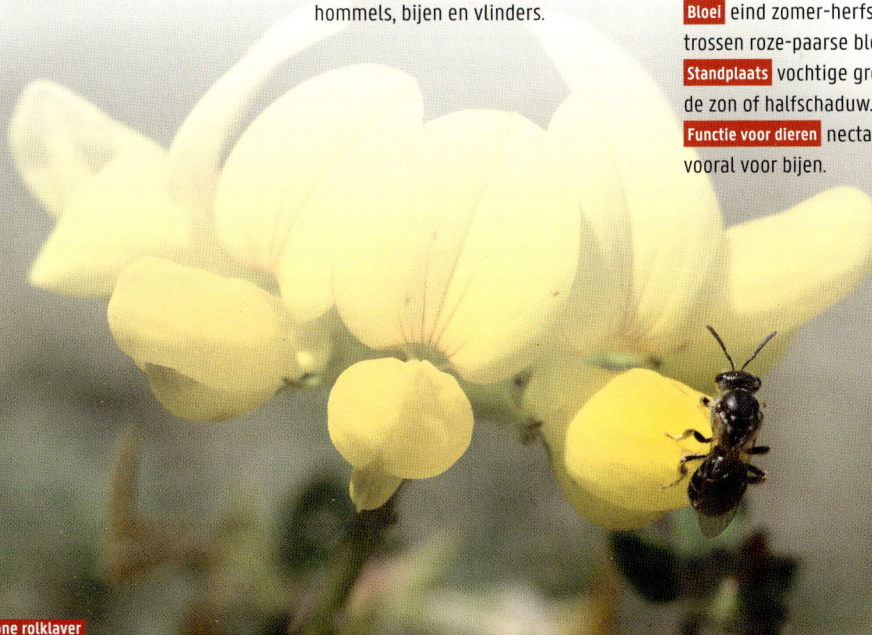

Lavendel

Bloei midden en eind van de zomer met lichtpaarsblauwe bloemen.
Standplaats open, zonnig en op niet al te zure, luchtige bodem.
Functie voor dieren levert nectar voor insecten.

Maagdenpalm

Bloei van maart-juli (afhankelijk van de cultivar) met paarsblauwe bloemen.
Standplaats niet te droog, zon of schaduw. Meer zon zorgt voor meer bloemen.
Functie voor dieren bodembedekker, creëert een dicht tapijt voor kleine (zoog)dieren om zich onder te bewegen. Nectar voor insecten.

Pinksterbloem

Bloei van april tot juni met lila, roze of witte bloemen.
Standplaats vochtige, redelijk voedselrijke grond in de zon of halfschaduw.
Functie voor dieren een van de waardplanten van het oranjetipje.

Ridderspoor

Bloei eind lente-einde zomer met blauw tot blauwpaarse of witte bloemen.
Standplaats goed doorlatende humusrijke grond in de zon. Winterhard. Buigen soms om in de wind.
Functie voor dieren ridderspoor is erg geliefd bij bijen en hommels. Het is giftig voor mensen.

pinksterbloem

Vrouwenmantel

Bloei half mei tot half juni
met geelgroene bloemen.
Wordt 20 tot 50 cm hoog.
Standplaats groeit op elke bodem.
Bodembedekker die vermeerderd
met wortelstokken.
Functie voor dieren levert
stuifmeel voor insecten.

Veldsalie

Bloei in juli en juli met lange
blauwpaarse bloemen. Soms
zijn de bloemen wit of roze.
Standplaats in de zon, in goede,
vocht doorlatende grond.
Functie voor dieren belangrijke
nectarbron.

Wilde tijm

Bloei van juni tot september
met paarse of roze bloemen.
Standplaats droge, voedselarme
en zonnige groeiplaats.
Functie voor dieren trekt insecten aan.

IJzerhard

Bloei juni tot september met blauwe
tot paarse bloemen. IJle plant die
wel 80 cm hoog kan worden.
Standplaats zonnige plaats
op droge bodem.
Functie voor dieren nectar voor vlinders.

Vijverplanten

Oeverplanten groeien het liefst met hun voeten in het water. Kleine larven en kikkervisjes verschuilen zich tussen de stengels, libellen kruipen langs de stengels omhoog om uit te sluipen. De bloemen worden door insecten bezocht.

Gele lis

Bloeit in mei-juni met gele bloemen. Wordt zo'n 1 m hoog.

Dotterbloem

Bloeit vroeg in de lente met gele bloemen. Wordt ongeveer 0,5 m hoog.

Grote kattenstaart

Bloeit van juni tot september met grote paarse staarten. Wordt ruim 1 m hoog.

Moerasspirea

Bloeit van juni tot september met witte schermbloemen. Wordt 0,5 tot 2 m groot.

Zwanenbloem

Bloeit van juni tot september met roze bloemen. Wordt 0,5-1 m hoog.

zwanenbloem

Waterplanten zorgen in de vijver voor plekken waar kikkers onder kunnen schuilen en larven zich tussen de stengels kunnen terugtrekken.

Kikkerbeet

Bloeit van juni tot augustus met witte bloemen.
De bladeren zijn hartvormig.

Krabbenscheer

Bloeit van mei-juni met witte bloemen. In de winter zinkt de plant naar de bodem.

Waterlelie

Bloeit met geurige witte bloemen, kan wortelen tot 1,5 m waterdiepte.

Ondergedoken waterplanten zorgen voor zuurstof in het water. Ook bieden ze plekjes voor kleine waterdieren om zich te verschuilen.

Fonteinkruid

Groene bladeren die van 2-3 m onder water tot aan het oppervlak reiken.

Fijne waterranonkel

Kikkers leggen graag hun dril rondom de bladeren. Bloeit van april tot augustus met witte bloemen met een geel hart. Blad drijft grotendeels onder water.

Waterviolier

Groeit grotendeels onder water, wordt 30 cm breed. De stengels met bloemkransen (mei/juni) steken boven het water uit.

Beeldverantwoording

Illustraties

Renée den Besten 31 (knaagsporen)
Wietse Bakker alle overige illustraties

Foto's

Frits Bink, Saxifraga 102 (rups gamma-uil)
Peter Cranenbroek 66 (paddenstoelen)
Luc Hoogenstein Achterkant omslag (boomklever, egel), 2 (pimpelmees), 6 (slak), 15 (bosanemoon, maarts viooltje, speenkruid), 21 (appel, look-zonder-look, maagdenpalm), 22 (ei), 24 (muntvlinder), 27 (brem), 29 (oeverlibel), 30 (eekhoornnest), 34 (honingbij), 35 (kamille korenbloem, lupine), 36 (merel), 38 (franjestaart), 40 (paringswiel), 41 (boerenwormkruid, kaasjeskruid, kattenstaart, ridderspoor), 43 (laurierkers, sleedoorn), 44 (egel), 47 (braam), 48 (vuurjuffer), 50 (dotterbloem, kikkerbeet, regenton, waterranonkel), 55 (eik, grasklokje, lijsterbes, peer, vlier), 61 (sedum), 64 (spreeuw), 68 (boomhommel), 69 (kattenstaart, maarts viooltje, sedum, speenkruid), 76 (Turkse tortel), 78 (winterkoning), 81 (lieveheersbeestjes, vleermuis), 84 (oranjetipje), 85 (batdetector), 86 (lieveheersbeestjes), 87 (hazelaar, sneeuwklokje, winterakoniet), 91 (honingbij), 92, 93, 94, 95, 96, 97, 98 (bont zandoogje), 99, 100, 101 (kleine vuurvlinder, landkaartje), 102 (rups agaatvlinder), 103 (ligusterpijlstaart, muntvlinder, rups kleine wintervlinder), 104, 105, 106 (duizendpoot, schuimbeestje, sprinkhaan), 107 (kruisspin, lieveheersbeestje, pissebed, regenworm), 108, 109, 110, 112 (bosmuis), 113 (ree, vleermuis, vos), 114, 115 (berk, eik, wilg), 116 (laurierkers), 119 (wilde wingerd), 121 (sleedoorn), 123 (rolklaver), 124 (maagdenpalm), 125 (vrouwenmantel), 126 (kattenstaart), 127 (fonteinkruid, kikkerbeet, krabbenscheer, waterranonkel, waterviolier)
Hans Lodewijkx 47 (bergamot)
Jan van der Straaten, Saxifraga 103 (kleine wintervlinder)
Vivara 15 (pinksterbloem, sleutelbloem), 21 (blauwe regen, dotterbloem, smeerwortel, tulp), 27 (akelei, clematis, damastbloem, gele lis, moerasvergeet-mij-niet), 30 (eekhoorn), 35 (ereprijs, kamperfoelie, lavendel), 37 (konijn), 41 (gentiaan, tijm), 43 (Gelderse roos), 47 (beemdkroon, vlinderstruik, hemelsleutel, ijzerhard, koninginnenkruid), 48 (gele lis), 50 (waterlelie), 55 (appel, clematis, herfstanemoon, zonnehoed), 61 (herfstaster), 67 (vuurdoorn), 69 (hemelsleutel), 70 (bosuilenkast), 78 (nestmateriaal), 87 (krokus), 91 (vlinderhuisje), 98 (atalanta), 101 (koninginnenpage), 112 (konijn), 113 (mol), 114 (vuilboom), 116 (beukenhaag), 117, 118 (blauwe regen, clematis), 119 (kamperfoelie, klimop), 120 (braam), 121 (gele kornoelje, hondsroos, vuurdoorn), 122 (damastbloem, ereprijs), 123 (hemelsleutel, herfstaster, koninginnenkruid), 124 (lavendel), 125 (ijzerhard, salie, wilde tijm), 126 (dotterbloem, gele lis, moerasspirea), 127 (waterlelie)
Rijnvis Cranenbroek-van Wirdum 4, 82 (groendak)
Shutterstock.com alle overige foto's